深水吊缆非线性运动与控制

赵　藤　余　葵　付旭辉　刘宪庆　编著

人民交通出版社股份有限公司
北　京

内　容　提　要

本书主要开展深水吊缆非线性运动与控制研究，建立了水中吊缆的静动力学模型，分析不同外部激励时吊缆的非线性运动响应特征与力学特性，采用升沉补偿系统实现对吊载非线性垂向运动的控制，提出极短期预报与广义预测控制相结合的复合控制方法。本书共7章，包括绪论、缆索计算方法与弹性波理论、深水吊缆力学建模与分析、深水吊缆非线性运动响应分析、波流对深水吊缆非线性运动的影响分析、深水吊缆非线性运动控制系统研究和研究总结。

本书为缆索非线性运动及控制方面的探索提供了新的理论方法和研究思路，可供船舶与海洋工程专业的本科及研究生使用，也可供相关专业的工程技术人员参考。

图书在版编目(CIP)数据

深水吊缆非线性运动与控制 / 赵藤等编著. —北京：人民交通出版社股份有限公司，2021.6

ISBN 978-7-114-17221-2

Ⅰ.①深…　Ⅱ.①赵…　Ⅲ.①船舶工程—系统设计—研究　Ⅳ.①U66

中国版本图书馆 CIP 数据核字(2021)第 066784 号

Shenshui Diaolan Feixianxing Yundong yu Kongzhi

书　　名：深水吊缆非线性运动与控制
著 作 者：赵　藤　余　葵　付旭辉　刘宪庆
责任编辑：郭晓旭
责任校对：孙国靖　龙　雪
责任印制：张　凯
出版发行：人民交通出版社股份有限公司
地　　址：(100011)北京市朝阳区安定门外外馆斜街3号
网　　址：http://www.ccpcl.com.cn
销售电话：(010)59757973
总 经 销：人民交通出版社股份有限公司发行部
经　　销：各地新华书店
印　　刷：北京虎彩文化传播有限公司
开　　本：787×1092　1/16
印　　张：7.25
字　　数：158千
版　　次：2021年6月　第1版
印　　次：2021年6月　第1次印刷
书　　号：ISBN 978-7-114-17221-2
定　　价：48.00元

前　言

水下生产系统安装作业是海洋油气资源开发的重要前提和必要保证，是保障油气开采过程顺利实施的重要环节之一。用于水下安装作业的水面工作母船，由于受到风、浪、流等环境因素的影响，不可避免地产生水平面及空间的波频摇荡运动。在母船运动的激励下，由于作业水深的增加引起的吊装缆索力学性能与运动特性呈现较强的非线性，使得吊载的运动特别是垂向运动对吊载的准确定位与吊装作业的安全实施产生极大的影响。本书以工业和信息化部批复的"深海作业起重机主动升沉补偿系统研制"项目为工程背景，开展深水吊缆非线性运动与控制方面的研究，为相关领域的研究提供新的理论分析方法，主要在以下几个方面进行了探讨。

首先，以海洋工程领域常用的水下缆索控制方程为出发点，从经典力学的角度对研究缆索的方法在静力学和动力学两个方面展开介绍，针对不同的研究方法给出了基本力学思想、控制方程以及求解特点。接着引入与本文相关的弹性波理论，在介绍弹性动力学基本概念和基本理论的基础上，分析了与弹性波理论相关的波动解与振动解的区别和联系，引出描述介质运动的两种方法，给出黏弹性波动方程，并简要介绍了求解弹性波问题的常用方法。最后对研究方法的适用性进行分析，为吊缆的动静力学研究奠定了基础。

其次，根据深水吊缆为完全挠性构件这一特性，建立了吊缆的静力学模型，与文献中的缆张力计算结果相比较，吻合较好，从而验证了模型的正确性，并分析了Dyneema缆在不同吊载时缆张力随缆长的变化情况。通过计算不同吊载、不同缆长时弹性模量的变化，进一步研究缆张力对弹性模量的影响。考虑到吊缆运动过程中的松弛和张紧状态，以弹性波理论为基础，从能量的角度出发，根据Hamilton原理建立了吊缆的动态模型，推导出吊缆在法向、切向和副法向三个方向的三维非线性运动方程，为后续吊缆非线性运动响应的研究奠定了基础，同时也为该领域的相关研究提供了新的研究思路。

再次，以吊缆的线弹性本构关系为前提，对已推得的非线性运动方程进行简化，采用有限差分方法进行求解，推导出适合非线性运动方程的五点四阶差分格式，通过与文献中不同外部激励周期时缆张力试验值的比较，验证了求解方法的准确性和可靠性；并以4500m缆长为例，计算得到吊缆不同位置处的缆张力，分析其分布规律和传播特性。进一步给出4500m缆长不同位置处垂向位移的计算结果，以及缆长4500m和3000m吊载处的垂向位移，分析缆长、吊载等因素对其非线性运动的影响。强调了考虑非线性在求解吊缆运动过程中的重要性和必要性，为缆索非线性运动特性与力学特征的理论研究与数值求解提供一种方法参考。

然后，选取不同流速为典型计算流速，给出了流单独作用时吊缆最大动张力，吊载垂向位移幅值，吊载横向位移幅值随流速、缆长和吊载质量变化的计算结果；利用Morison计算波浪力的谱分析方法，推导出了总波力谱和总波力的计算公式，选取ITTC规定的标准波浪谱Pierson-Moscowitz（P-M谱）作为靶谱计算得到不同有义波高时吊缆受到的波浪力，给出了吊缆最大动张力、吊载垂向位移幅值、吊载横向位移幅值随有义波高、缆长和吊载质量变化的计算结果。同时给出了计算波流联合作用的经验公式，选取三种典型载荷时的计算结果进行比较，分析波流作用对吊缆非线性运动的影响，为波流对缆索影响方面的研究提供一种理论分析方法。

最后，采用主动升沉补偿系统实现对吊载非线性垂向运动的控制，选用液压二次静液调节驱动系统作为液压单元，在分析其原理与特点的基础上，建立了二次元件和机械执行单元的数学模型；针对吊缆在外部激励下的运动响应存在较强的非线性和时滞现象，介绍了广义预测控制算法的基本原理、算法步骤及参数设置，并引入极短期预报技术与广义预测控制相结合，共同实现对吊载升沉位移的实时补偿。研究结果充分说明，采用极短期预报与广义预测控制组合的复合控制方法对吊缆非线性运动进行实时控制是十分有效的，为非线性时滞缆索系统的控制方法与理论研究奠定了基础。

总之，开展深水吊缆非线性运动与控制研究，建立了水中吊缆的静动力学模型，分析不同外部激励时吊缆的非线性运动响应特征与力学特性，采用升沉补偿系统实现对吊载非线性垂向运动的控制，提出极短期预报与广义预测控制相结合的复合控制方法，得出了有意义的结论，为缆索非线性运动及控制方面的探索提供了新的理论方法和研究思路。

作　者

2020年11月

目　　录

第1章 绪 论

1.1 引 言

随着社会的进步与全球经济的迅速发展,陆地资源的日益枯竭,当今世界面临着巨大的能源危机。世界各国都将目光聚集到占地球表面积71%的海洋上,油气等资源的开采逐渐由陆地向海洋转移,特别是随着科学技术的不断进步,海洋油气资源的开发正从浅海向深海进军。全球海上油气资源的开采始于20世纪50年代末期,如今已经探明的海上油气资源遍布除南极以外的所有大陆架,有100多个国家和地区从事开采活动[1]。

我国是海洋大国,海域辽阔,拥有长达18000多千米的海岸线。海洋石油公司的勘探结果表明,南中国海拥有丰富的油气资源,尤其是曾母暗沙盆地、万安盆地等深海海域油气资源的开发蕴藏着十分巨大的潜力。我国近海拥有广阔的大陆架,油气资源的勘探始于20世纪60年代,到2000年已有17个油田和2个天然气田,多数开采仍集中在200m水深以内的渤海湾和南海的浅水区域。南海荔湾3-1气田的重大发现和开发建设,为我国深海开发技术的迅速发展开辟了新纪元[2-3]。

深海勘测与开发技术发展的过程中,缆索在海洋打捞与救生、资源勘探与调查、水下施工与抢险、油气勘探与开发等方面的应用越来越广泛。根据缆索应用的范围,目前对缆索的研究多数集中于系泊系统和水下拖曳系统中的应用。系泊系统是海上浮式结构物的重要组成部分,是浮式结构物在恶劣海洋环境中安全作业的有力保障,系泊缆索作为系泊系统不可或缺的一部分,其性能的优劣及在外部载荷作用下的运动响应,是影响系泊系统可靠性及浮式结构物施工的决定性因素。水下拖曳系统是连接母船与拖体的纽带,拖缆在水中的力学性能与几何特征,是影响拖体作业安全性、时效性及可靠性的重要保障[4-5]。

1.2 研究的目的和意义

水下生产系统安装作业是海洋油气资源开发的重要前提和必要保证,是保障油气开采过程顺利实施的重要环节之一。随着开采深度的逐渐增加,油气资源的开发对水下安装作业的要求也进一步提高。用于水下安装作业的水面工作母船,由于受到风、浪、流等环境因素的影响,不可避免地产生水平面及空间的波频摇荡运动。在母船运动的激励下,由于作业水深的增加引起的吊装缆索力学性能与运动特性呈现较强的非线性,使得吊载运动特别是垂向运动对吊载的准确定位与吊装作业的安全实施产生极大的影响。为保障整个安装作业的有效实施,一般采用动力定位的方式减小工作母船水平面内的运动,以减小由于母船水平面运动引起的耦合垂向运动。同时需要具有升沉补偿功能的系统——升沉补偿系统(Heave Compensation System),以控制母船吊点处的升沉运动。升沉补偿系统是水下作业特别是深水水下安装作业必不可少的辅助设备之一,是水下作业有效实施的重要保障[6]。

系泊系统中缆索的一端是固定的,研究其在波流作用时的力学特性及运动响应特征时的边界条件也是固定的,即固定端的速度及位移为零;拖曳缆索虽然没有固定端,但拖体的运动一般也是可知的。而用于吊装作业的缆索则不同,一端与工作母船相连,一端与吊载连接,连接母船的一端固然可以看作激励端,但由于吊缆自身弹性变形引起的吊缆张力及运动的非线性,使得吊装过程中吊载的运动特性与母船呈现较大的不同,这就成为吊载水下精确定位与构件准确安装的最大障碍。因此开展深水吊缆在波流载荷作用时的非线性运动研究,提出一种适用于不同水深吊缆的非线性运动理论分析与建模方法,掌握由吊缆自身弹性、边界条件及外部激励引起的非线性力学特性和运动特征,分析不同外载荷对吊缆及吊载运动特性的影响,为水下吊装作业方案设计与优化提供技术支撑及可靠的客观依据,具有重要的理论价值和现实意义。

升沉补偿系统是一项涉及海洋环境、船舶运动、机电系统及智能控制等相关领域系统的复杂技术,其控制升沉运动性能的优劣不仅取决于工作母船的吨位、所处海况、吊载重量、作业水深等外部因素,更重要的是与控制方法的选择、实时控制系统的搭建有直接关系,同时与吊缆的缆张力与缆绳变形等物理特性也密切相关。因此采用升沉补偿系统对吊载升沉运动进行控制,结合吊载非线性运动特性搭建具有实时控制功能的控制系统,研究鲁棒性强、灵活快速准确的控制理论与方法,研究具有自主知识产权的软件体系具有重要的学术价值和工程意义。

综上所述,以工业和信息化部批复的“深海作业起重机主动升沉补偿系统研制”项目为工程背景,开展深水吊缆非线性运动与控制方面的研究,为相关领域的研究奠定理论基础,为实际工程应用提供有力的参考,对我国突破深水安装作业技术瓶颈、掌握深海开发关键技术、实现我国海洋开发战略具有深远意义。

1.3 国内外研究现状及发展趋势

1.3.1 水下缆索国内外研究现状

缪国平、刘应中[7]指出,水下缆索可看作挠性部件,对挠性部件的研究最早可追溯到伽利略对悬链线的研究,他认为悬链线为抛物线。1690 年,伯努利提出了著名的悬链线问题并向学术界征求答案,最后莱布尼兹、惠更斯等运用微积分方法分别进行求解得到答案。与经典的悬链线问题类似,在海洋工程领域常用的悬链线式系泊缆索通常认为是不可拉伸的,且缆索重力远大于流体作用力,在研究水下缆索时可忽略流体作用力的影响[8]。

Smith 等[9]对初步设计阶段锚泊线的组成选择与锚泊系统的布置形式进行了讨论分析,对不同水深时四种不同组成成分的锚泊系统布置方式进行比较,接着与 MacFaLane[10]一起基于悬链线理论，建立了两段锚链加重物或浮筒的锚泊线方程，并采用拉格朗日迭代法进行求解，认为锚泊线的弹性是由单位长度锚泊线质量的不确定性引起的，且单位质量的选取是在一定范围内的。

范菊、黄祥鹿[11]应用频域方法对波频运动引起的低频慢漂阻尼力问题中的锚泊线张力进行了计算，认为锚泊线阻尼在本质上与运动相位有关，采用摄动理论推导得到二阶锚泊线张力响应函数，与相应的时域结果进行比较。分析结果表明，采用频域摄动方法计算得到的结果在假设适用范围内与时域分析结果基本相符。范菊等[12]应用二阶频域摄动理论对转塔式锚泊储油轮在压载状态时的一阶和二阶动力学响应进行分析，得到了响应谱及锚泊线张力谱，并与试验结果进行比较。黄祥鹿等[13]采用频域法对系泊系统的动力耦合响应进行了研究，考虑了锚泊线上的流体作用力和锚泊线的变形。与悬链线法相比，理论分析更为准确、合理，但是弱化了系泊系统的非线性。由此可以看出，由于频域法本身的限制，无法对系泊系统的强非线性和系泊系统稳定性分析等问题进行求解。

Van den Boom 等[14]采用集中质量法对锚链线的动力学问题进行了研究，结果发现，锚链动力运动增加了锚链力的最大值，同时锚链的动力分量通过增加系统阻尼及有效刚度的方式对系泊浮式结构物的低频运动产生影响。Niedzweeki 和 Thampi[15]对水下缆索系统在冲击载荷下的动态响应进行了分析，提出了一种多自由度的集中质量模型。

刘应中等[16]采用准定常时域法对风、浪、流联合作用下的海上油轮系泊系统进行研究，应用三维集中质量法对系泊缆索进行动力学分析，得到系泊系统的运动及动力学特性。研究结果表明，流力和二阶波浪力对系泊系统的力学性能影响最大，主要体现在系泊油轮偏离初始位置的位移和系泊缆索受到的张力。随着波高的不断增大，缆张力的平均值先增大然后有所减小；当水深不断增加时，二阶波浪力、流力及缆张力呈现逐渐减小的趋势，并且对于采用尼龙绳的缆索来说，采用二维计算即可准确地预测其张力。

朱克强等[17]采用集中质量法推导了海洋缆索系统的三维动态响应公式，并运用四阶龙格库塔法进行求解，计算结果为缆索的动态构型与各分段内张力时历。表明集中质量法能够较好地适应各种非均匀缆系统，可对上端约束、下端做圆周运动的缆索进行动态计算。

有限元方法是时域计算的常用方法，近年来随着数值求解的发展得到广泛的应用。Jonhansson[18]建立了锚链的有限元模型并在时域环境下对模型的动力学响应进行了计算，重点分析了锚链固结于浮式结构物的一端在外部激励作用下的动力学影响，并进一步提出可用于求解耦合运动方程的数值积分新方法。

Huang[19]提出了一种基于集中质量的方法和有限元方法，在考虑了模型特点及数值稳定性的基础上对方程进行数值求解，预报了三维锚链的动张力，并用试验值进行对比验证。Leonard[20-21]采用三维曲线单元的有限元法对系泊系统的静力学和动力学响应进行分析，研究结果表明，在相同计算精度时采用三维曲线单元的有限元法较一般的有限元法所需的计算单元数量少。

Chatjigeorgion 与 Mavrakos[22-25]分别采用有限元法和有限差分法对相同系泊系统进行计算，结果表明，在相同计算精度时，有限差分法求解需要的时间较少；在剖分单元相同的条件下,有限元法相对容易收敛且能得到更为合理的计算结果。

Kwan 和 Bruen[26]针对锚泊系统动力学问题分别采用准静定法、频域法和时域法进行计算分析,结果表明,准静定法的计算精度较差;频域法计算过程简单,但仅可用于计算线性问题或弱非线性问题;时域法可以求解几乎所有锚泊系统的动力学问题,但计算规模与时间较大。

邵启会[27]以单点系泊系统为研究对象,对海洋工程中柔性构件的计算模型及分析方法进行了研究,进一步分析传统的悬链线方程,提出了适用于单点系泊系统的缆索静力计算模型,并采用三维细长杆理论对系泊系统动力学响应数学模型及分析方法进行研究,根据实际海况对某港口单点系泊系统锚链和柔性立管进行动力学分析。

聂孟喜[28-29]建立了一种用于计算在风、浪、流联合作用下防风水鼓系泊系统系泊力的时域方法,采用设计波法和非线性 Stokes 五阶波分析波浪载荷,由经验公式计算得到风力和流力。采用准静态方法计算得到初始条件,忽略水鼓和锚链动态效应对船舶运动的影响,求解得到系泊力和船舶的运动时历。接着应用二维集中质量法建立锚链和水鼓的数学模型,并采用 Houbolt 方法对已建立的运动方程进行求解,对计算得到的系泊力进行修正,计算结果与经验公式吻合较好,且结果的时域特征变现突出,由此得出结论:建立时域计算方法可用于防风水鼓系泊系统的系泊力计算。

余龙和谭家华[30]针对多成分合成的海洋平台锚泊系统进行分析,基于准静定方法推导了限制水深时多成分锚泊线悬链线方程,并采用遗传算法对锚泊系统进行改造分析,得到有益的结论。接着余龙和王娟[31]建立了三维模型对深水锚泊系统进行分析,在时域内采用设计波法直接求得锚泊线的动张力,并分析了波、流对锚泊线的影响以及平台运动和锚泊线根数变化等因素对锚泊线动力的影响。

刘海笑和黄泽伟[32]基于有限元数值分析方法,对系泊系统中系泊缆的绷紧-松弛特性及纤维缆的动刚度特性进行了分析和处理,通过具体算例考察了由于深海平台运动引起的缆张力响应。黄维和刘海笑[33]对系泊浮体进行了动力响应分析,考察了循环载荷作用下纤维系缆的动刚度特性,并将悬链线式系泊与绷紧式系泊的动力响应特点进行了比较分析。结果表明,绷紧式系泊有良好的系泊性能,但会引发复杂的张力响应。

杨建民和童波等[34-35]采用时域耦合方法,在利用某半潜平台混合模型试验结果进行校核验证的基础上,针对风、流作用及有无系泊断裂等情况时浮体的运动响应和系泊张力变化特性,获得了较好工程指导价值的结果。研究结果表明,采用时域耦合方法对浮体运动响应和系泊张力变化特性进行评估分析,具有重要的工程意义。

韩璇[36]应用因子分析法对锚索的参数估计公式进行论证,对相关规范中估算公式的拟合精度进行计算分析,通过对均匀锚索和组合锚索的悬垂特性分析得到了用以表征悬垂特性的参数方程,并分别从平衡静力载荷和吸收动力载荷的能力以及锚索位能等角度全面分析了全锚链锚索、全钢缆锚索和组合锚索的锚泊性能。

袁梦[37]基于有限元法开发了用于计算系泊系统系泊力的数值仿真程序,并与一个四点系泊的 Spar 平台模型试验结果进行对比,验证了数值模拟计算的可靠性和准确性。计算结果能够较好地反映整个系泊系统的运动响应周期特性，由此认为使用该数值模型可以用来获取系泊系统更为详尽的性能参数。

张素侠[38]针对深海系泊系统松弛-张紧过程的冲击张力进行了研究，采用应力波理论分析了缆绳内水平张力、波数、缆索坐标等参数对缆绳内应力波传播特性的影响，根据应力波基本理论和非线性动力学基本理论计算得到缆绳在不同状态下的运动和张力，并对浸没在准静态流体中的缆索冲击张力问题进行试验研究，证明了冲击张力的存在性和问题研究的必要性。

肖越[39]通过分析当前系泊系统耦合分析方法不足之处，在考虑系泊非线性效应的基础上，应用三节点的索单元离散缆索，通过 Newmark 法和 mN-R 法得到缆索的张力-位移关系，在时域耦合方法的基础上提出了一种基于非线性有限元法与频时变换法的系泊系统耦合分析技术。研究结果表明，文中提出的方法对缆索小变形条件和大变形条件下系泊系统运动时历分析都适用。

李晓平[40]基于 Huston 多体方法，提出了以低序体组为分析对象的多体系统矢量建模的新方法，结合多柔体系统理论，提出了集中质量法、三种空间离散法、有限元法和有限段法描述缆索力学方程的同一形式，通过对比得到缆索结构稳态分析的结果，应用改进的有限段法对海洋缆索系统进行了动力学仿真，并与试验结果比较验证了方法的正确性，进一步用动能衰减或阻尼衰减法探讨了大变形的索链杆系结构稳定分析的新思路。研究结果表明，文中提出的方法可对强非线性且对初值敏感的结构稳态进行有效分析。

王宏伟[41]根据悬链线理论推导了系泊线的静态特性方程，通过实例验证了程序的准确性，对一深水内转塔式系泊系统进行数值模拟计算，采用拟静态分析和动态分析两种方法对系泊缆进行模拟，并将计算结果与试验结果进行比较，证明了数值模拟的可靠性。又从等效截断设计和深水池模型试验等方面进行了系统的分析与研究，提出了多种截断方案以适应不同的试验要求，为该领域的相关研究提供了有益参考。

国外关于水下缆索动态响应等方面的理论分析与数值方法已经基本完善，开发了很多可应用于工程实际的计算软件包，如用于分析计算系泊缆索在频时域内进行耦合动力的软件 HARP、由 MARJITEK 开发的计算系泊缆非线性时域动力响应的软件 MIMOSA、DNV 开发的 SESAM、BV 开发的 HydroSTAR 以及美国海军设计规范中推荐的 AQWA 等软件被国内外诸多工程和研究单位使用。国内的学者对水下缆索也进行了很多有意义的研究，但由于国内开展此方面研究相对较晚，且深水吊缆动态响应是一个非线性的时变过程，边界条件与其他缆索有较大差异，此方面的研究成果较少，大多数的研究仍基于系泊缆索或锚链线的基础理论和分析方法，与国外相比存在一定差距，特别是在数值实现和实际应用方面，故各种分析方法仍存在许多不足。因此，建立更为完善的理论和有效的分析方法，更为准确快速地计算深水吊缆非线性运动响应是当前水下吊装过程中亟待解决的问题[42]。

1.3.2　主动升沉补偿系统国内外研究现状

国外对主动升沉补偿系统的研究始于 20 世纪 60 年代，随着海洋开发力度的加大及海工装备作业水深的增加，主动升沉补偿系统开始应用于诸多大吨位海上作业船舶，如大吨位海上作业起重船、半潜式钻井平台、水下拖曳船等[43]。

早期的升沉补偿装置大多是基于气液蓄能器的被动型补偿系统，已经成功应用于实际生产，典型代表是美国 Vetco 公司在 20 世纪 60 年代提出的升沉补偿系统，采用的是液压缸加蓄能器(保持工作部分压力的恒定)的结构，充分利用了气液弹簧作用而实现补偿功能，是升沉补偿最早期的产品[44]。

20 世纪 70 年代，美国 Global Marine Inc 公司建造了一艘安装有升沉补偿系统的采矿船，名为"Glomar Explore"，主要用于深海采矿作业[45]。该船所用升沉补偿系统由万向架及升沉补偿油缸组成，其中以万向架作为负载支撑平台，万向架主要是补偿采矿母船的横纵摇运动，减小横纵摇运动对采矿作业的影响。升沉补偿油缸用来补偿采矿母船升沉运动对采矿管运动的影响，提高深海采矿作业的安全性。

1976 年，位于苏格兰的 Brown Brother 公司成功研发了一种应用于海上钻井平台的由两种载荷调节设备组成的升沉补偿系统[46]。该系统主要由两部分组成，一是被动负载支持系统，二是主动力调节系统。被动负载支持系统可通过一定的调节设置，提供一个选定基准的负载支撑力，而主动力调节系统的主要功能是减小实际负载支撑力和给定负载支撑力之间的偏差，开创了主动控制系统研制的先河。

此后，美国 Deepsea Ventures 公司的 Blanchet 等成功研制了用于水下拖曳作业的升沉补偿系统[47]。

Michael J.purcell 与 Ned C.Forrester 于 1994 年提出了将光纤测量元件应用于升沉补偿系统的方案[48]，建立了深海拖缆光纤可视系统主被动结合的数学模型，对船-缆系统中拖曳参数的确定进行了说明，对拖曳起重机升沉补偿装置在补偿升沉运动和缆张力方面的补偿效果进行了研究分析。研究结果表明，被动补偿系统可以明显降低吊缆张力，主动补偿系统对升沉运动位移有显著的补偿效果。

目前很多国外公司都具备生产主动升沉补偿装置的能力，生产产品也相对比较成熟，具有代表性的是德国力士乐(Rexroth Bosch Group)，美国的 NOV 公司、TTS 公司、Huisman 公司，挪威的 Scantrol AS 公司，芬兰的 Cargotec 公司，澳大利亚的 Tensa 公司及 ACE 公司等。图 1-1 所示为德国力士乐公司的船用主动升沉补偿起重机，使用二次控制调节单元，将能量的回收、储蓄和再利用结合起来，使该系统非常紧凑，大大降低了装机功率。

相对于欧美等西方发达国家对海洋工程装备的研究，我国在此领域的相关科研起步较晚，研究成果较少。20 世纪 90 年代起，我国对海上石油勘探等海洋开发事业给予重视，目前主动升沉补偿技术尚未成熟，存在很多不足，尚未研制出具有主动升沉补偿功能的产品。

中国石油大学方华灿等[49]在 20 世纪 70 年代初对海洋钻井船上的升沉补偿装置进行了多方面的大量研究，包括海洋钻井船升沉补偿装置工作原理研究与装置设计，同时对海洋钻井绳索作业升沉补偿问题进行了研究。

中南大学刘少军、黄锴等[50-53]综合运用控制软件 MATLAB 及虚拟样机软件 ADAMS，建立了主动升沉补偿系统的控制仿真模型，采用几种不同控制策略，针对不同的海况进行仿真实验,并分析了不同控制策略下的控制性能优劣。

图1-1 德国力士乐公司船用拆臂吊机

广东工业大学吴百海、肖体兵等[54-55]针对深海采矿装置智能升沉补偿系统进行了研究,提出了轻载、中载及重载三种不同的升沉补偿系统设计方案,首次将电液比例控制、智能控制等技术综合应用于深海采矿工程的升沉补偿系统。分别建立三种升沉补偿系统的仿真模型,进行仿真和模拟试验研究。

华南理工大学陈远明[56]针对舰载直升机平台升沉补偿系统进行试验研究。主要研究了升沉补偿系统智能控制器设计、多液压缸运动步调的协调及运动预报控制策略的应用,同时研究了升沉补偿系统的滞后性问题。曾志刚、吴隆明[57-58]也分别针对升沉补偿系统的液压平台关键问题和控制子系统进行了大量研究。

国防科技大学徐小军、何平等[59-62]建立了主动式波浪补偿系统的控制模型,分别采用前馈控制和反馈控制算法进行控制模型仿真实验,并在仿真实验基础上完成了主动波浪补偿缩比试验。又将该控制系统成功应用于主动式升沉补偿系统缩比样机,样机的主动升沉补偿性能良好,工作稳定可靠,样机如图1-2所示。董睿、胡永攀[63-65]也分别对主动波浪补偿系统中的控制单元和驱动执行单元展开了深入研究。

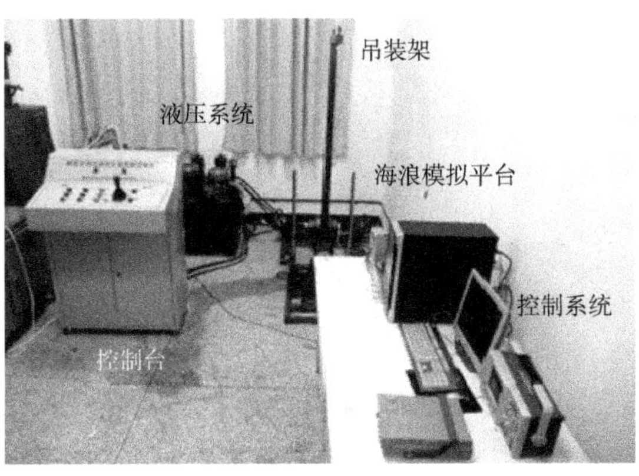

图1-2 主动升沉补偿系统原理样机

杨文林、张艾群等[66-67]针对液压绞车的非线性特性,设计了基于液压系统参数辨识的液压绞车主动升沉补偿预测控制算法,仿真试验验证了这种主动升沉补偿控制方法的可行性,表明其具有较高的控制精度。

综上所述,从国内外发展状况可以看出,国外关于主动升沉补偿系统的研究至今已经经历了50多年,基础理论及关键技术相对成熟[68-72],在产品研制方面掌握了较为先进的技术。西方发达国家对主动升沉补偿技术研究起步较早,现已掌握其核心技术,已经有成熟产品投入实际应用。与国外相比,国内对主动升沉补偿技术研究起步较晚,目前仅有少数高校及研究所对主动升沉补偿系统做一些计算机仿真模拟及原理样机试验的研究,至今尚未有成熟产品问世,与欧美等发达国家存在较大差距。

1.4 本书主要内容及创新点

1.4.1 主要内容

如前所述,由于国内开展水下缆索方面的研究相对较晚,深水吊缆非线性运动与控制方面的研究成果较少,与国外相比存在一定差距,因此建立更为完善的理论和有效的分析方法,更为准确快速地计算深水吊缆非线性运动响应并进行实时控制是当前亟待解决的问题。本书从吊缆非线性运动计算和实时控制两个方面着手,研究深水吊缆非线性运动的静动力学理论分析与数值求解方法,与试验值进行对比,验证分析方法的可靠性,探究波流作用下吊缆张力、吊载垂向位移等参数随缆长、吊载等因素的变化规律,运用主动升沉补偿系统对吊载垂向位移进行控制,提出极短期预报与广义预测控制算法相结合的实时控制方法,为相关领域的研究提供一定的参考。针对上述工作,本书包括六部分内容,可概括如下:

(1)介绍了研究的背景及意义。分别针对水下缆索和主动升沉补偿系统的国内外研究现状及发展趋势进行了总结,凝练本书的研究目标、主要研究内容及创新点。

(2)以海洋工程领域常用的水下缆索控制方程为出发点,从经典力学的角度对研究缆索的方法在静力学和动力学两个方面展开介绍,针对不同的研究方法给出了基本力学思想、控制方程以及求解特点。引入与本书相关的弹性波理论,在介绍弹性动力学基本概念和基本理论的基础上,分析了与弹性波理论相关的波动解与振动解的区别和联系,引出描述介质运动的两种方法,给出黏弹性波动方程,并简要介绍了求解弹性波问题的常用方法。最后对研究方法的适用性进行分析,为吊缆的动静力学研究奠定了基础。

(3)根据深水吊缆为完全挠性构件这一特性,建立了吊缆的静力学模型,与文献中的缆张力计算结果相比较,验证了模型的正确性,并分析了Dyneema缆在不同吊载时缆张力随缆长的变化情况。通过计算不同吊载、不同缆长时弹性模量的变化,进一步研究缆张力对弹性模量的影响。考虑到吊缆运动过程中的松弛和张紧状态,以弹性波理论为基础,从能量的角度出发,根据Hamilton原理建立了吊缆的动态模型,推导出吊缆在法向、切向和副法向三个方向的三维非线性运动方程,为后续吊缆非线性运动响应的研究奠定了基础。

(4)以吊缆的线弹性本构关系为前提,对已推得的非线性运动方程进行简化,采用有限差分法进行求解,推导出适合非线性运动方程的五点四阶差分格式,通过与文献中不同外部激励周期时缆张力试验值的比较,验证了求解方法的准确性和可靠性,强调了考虑非线性在求解吊缆运动过程中的重要性。以 4500m 缆长为例,计算得到吊缆不同位置处的缆张力,分析其分布规律和传播特性。进一步给出 4500m 缆长不同位置处垂向位移的计算结果,以及缆长 4500m 和 3000m 吊载处的垂向位移,分析缆长、吊载等因素对其非线性运动的影响。

(5)选取不同流速为典型计算流速,给出了流单独作用时吊缆最大动张力、吊载垂向位移幅值、吊载横向位移幅值随流速、缆长和吊载质量变化的计算结果。利用 Morison 计算波浪力的谱分析方法,推导出了总波力谱和总波力的计算公式。选取 ITTC 规定的标准波浪谱 Pierson-Moscowitz(P-M 谱)作为靶谱,计算得到不同有义波高时吊缆受到的波浪力,给出了吊缆最大动张力、吊载垂向位移幅值、吊载横向位移幅值随有义波高、缆长和吊载质量变化的计算结果。给出了计算波流联合作用的经验公式,并选取三种典型载荷时的计算结果进行比较,分析波流作用对吊缆非线性运动的影响,为相关领域的研究提供一定的参考。

(6)采用主动升沉补偿系统实现对吊载非线性垂向运动的控制,选用液压二次静液调节驱动系统作为液压单元,在分析其原理与特点的基础上,建立了二次元件和机械执行单元的数学模型。针对吊缆在外部激励下的运动响应存在较强的非线性和时滞现象,介绍了广义预测控制算法的基本原理、算法步骤及参数设置,并引入极短期预报技术,与广义预测控制相结合,共同实现对吊载升沉位移的实时补偿,为该领域的研究提供新的思路和理论方法。

1.4.2　创新点

本书的主要创新点如下:

(1)从经典力学的角度出发建立了水下缆索的静力学平衡方程,与文献计算结果比较,验证了方程的可靠性,并考虑吊缆材料的非线性,分析吊缆弹性模量随缆张力的变化规律。考虑吊缆运动过程中的松弛、张紧状态,以弹性波理论为基础,从能量的角度出发,根据 Hamilton 原理建立了吊缆的动态模型,推导出吊缆在法向、切向和副法向三个方向的三维非线性运动方程,揭示了影响吊缆运动特性的参数主要为平衡张力和曲率,为缆索力学与非线性运动的理论分析研究提供一种新的研究思路。

(2)以吊缆的线弹性本构关系为前提,对已推得的非线性运动方程进行分析求解,通过与文献中不同外部激励周期时缆张力试验值的比较,验证了求解方法的准确性和可靠性。通过分析得到缆张力和垂向位移的分布规律和传播特性,强调了考虑非线性在求解吊缆运动过程中的重要性和必要性,为缆索非线性运动特性与力学特征的理论研究与数值求解提供一种方法参考。

(3)分别对波、流单独作用及联合作用对吊缆非线性运动响应的影响进行研究,分析得到波流作用时吊缆缆张力及非线性运动随缆长、吊载等关键因素变化时的响应规律及特性,为准确把握波流载荷对吊缆影响奠定了基础，也为波流对缆索影响方面的研究提供一种理论分析方法。

（4）采用主动升沉补偿系统实现对吊载非线性垂向运动的控制，选用液压二次静液调节驱动系统作为液压单元，引入极短期预报技术与广义预测控制算法相结合，共同实现对吊载升沉位移的实时补偿。研究结果充分说明，采用极短期预报与广义预测控制组合的复合控制方法，对吊缆非线性运动进行实时控制是十分有效的，为非线性时滞缆索系统的控制方法与理论研究奠定了基础。

第 2 章　缆索计算方法与弹性波理论

在海洋工程领域，一般将缆索假定为完全挠性构件，即其不能承受剪力或弯矩，沿着缆索轴向的应力只能为张力。一般研究水下缆索多采用由 Berteaux 在 1976 年提出的控制方程，表达形式为[73]：

$$(m + m_a)\frac{\partial \vec{V}}{\partial t} = \vec{F}_n + \vec{F}_\tau + \vec{T} + m_a \frac{\partial \vec{U}}{\partial t} + \vec{G} \tag{2-1}$$

式中，m、m_a 分别为缆索单位长度的质量和附加质量；$\vec{T}$ 为缆张力；$\vec{V}$、$\vec{U}$ 分别表示缆索的速度和流场的速度；$\vec{G}$ 为单位长度缆索的重力；$\vec{F}_n$、$\vec{F}_\tau$ 分别表示作用于单位长度缆索流体作用力的法向分量和切向分量，可以表示为：

$$\begin{aligned} \vec{F}_n &= \frac{1}{2}\rho_w C_{Dn} D \left|\vec{U}_n - \vec{V}_n\right| (\vec{U}_n - \vec{V}_n)\,\mathrm{d}s \\ \vec{F}_\tau &= \frac{1}{2}\rho_w C_{D\tau} \pi D \left|\vec{U}_\tau - \vec{V}_\tau\right| (\vec{U}_\tau - \vec{V}_\tau)\,\mathrm{d}s \end{aligned} \tag{2-2}$$

式中，ρ_w 为流体的密度；C_{Dn}、$C_{D\tau}$ 分别表示流体法向拖曳力系数和切向拖曳力系数；D 为缆索直径。

2.1　缆索计算方法

缆索系统的力学分析总体来讲大致可分为静力分析和动力分析，静力分析研究缆索在稳态条件下的载荷和系统的平衡状态，预估缆索的几何形状及应力分布；动力分析主要关注在外界环境非定常诱导载荷作用下缆索系统的动力响应，以判断缆索系统的稳定性及可靠性[74]。缆索计算方法从控制方程形式上可以分为静力法和动力法，从数值计算方法上可分为解析法、集中质量法、有限差分法、线性有限元法和非线性有限元法等[75]。

2.1.1　缆索计算静力法

在缆索静力学计算中，一般不考虑缆索的惯性力，则控制方程(2-1)可表示为[74]：

$$\vec{F}_n + \vec{F}_\tau + \vec{T} + m_a \frac{\partial \vec{U}}{\partial t} + \vec{G} = 0 \tag{2-3}$$

根据流的不同，静力计算方法又可分为均匀流静力法和非均匀流静力法。均匀流静力法的控制方程可以表示为：

$$\vec{F}_n + \vec{F}_\tau + \vec{T} + \vec{G} = 0 \tag{2-4}$$

根据式(2-4)中力的成分不同，又可分为悬链线法、中和浮力缆索法和计及所有力的缆索函数法。

2.1.1.1 悬链线法

在悬链线法中，认为缆索不能弹性变形，同时缆索受到的重力远远大于流体的作用力，此时可忽略流体作用力对缆索的影响，即：

$$G >> F_n, F_\tau \tag{2-5}$$

缆索的形状和缆张力可通过对式(2-4)和式(2-5)沿缆索长度积分解析得到。根据缆索形状的不同，悬链线法又可分为松弛式悬链线法和张紧式悬链线法两种，如图2-1所示。

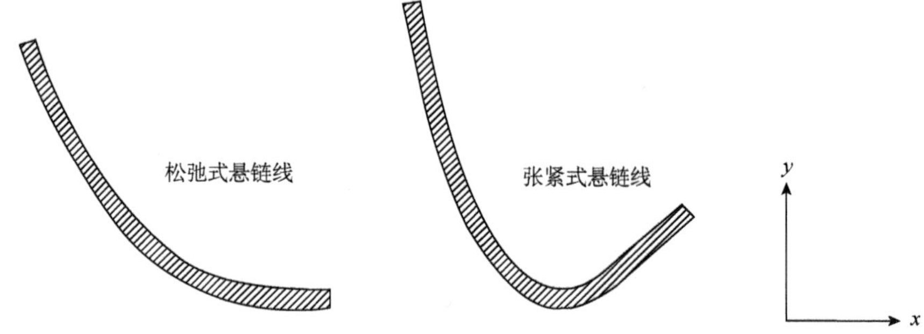

图2-1 悬链线形式

松弛式悬链线法认为缆索末端与海底相切，其控制方程可表示为：

$$\begin{aligned} y &= a\left(\cosh\frac{x}{a} - 1\right) \\ T &= G(y + a) \end{aligned} \tag{2-6}$$

式中，a 为悬链线参数，可以表示为 $a = T_H/G$（T_H 表示缆索水平张力分量）。

张紧式悬链线法假设缆索末端不一定与海底相切，可以与海底成任意角度，其控制方程可表示为：

$$\begin{aligned} T &= \frac{0.222Gy^3}{x^2} + \frac{0.7}{Gy} \\ x &= l - \left(\frac{T_H}{G}\right)\log\left(\frac{1+y}{1-y}\right) \end{aligned} \tag{2-7}$$

式中，l 为缆索长度。

2.1.1.2 中和浮力缆索法

中和浮力缆索指的是缆索的比重与水的比重基本相同并忽略弹性形变的缆索，假定 $G, F_\tau << F_n$，则重力和流体切向拖曳力可以忽略不计，则对松弛式悬链线控制方程沿缆索长度方向积分即可得到中和浮力缆索的控制方程如下：

$$\begin{cases} T = T_0 \\ x = -\dfrac{T}{F_n}(\csc\theta_2 - \csc\theta_1) \\ y = \dfrac{T}{F_n}\ln\left[\ln\left(\tan\dfrac{\theta_2}{2}\right) - \ln\left(\tan\dfrac{\theta_1}{2}\right)\right] \end{cases} \tag{2-8}$$

式中，T_0 表示初始张力，为一常数，θ_1、θ_2 分别为缆索上下端与 x 轴的夹角。由于中和浮力缆索在海洋工程中应用不多，故研究此方法的文献资料较少。

2.1.1.3　缆索函数法

与悬链线法和中和浮力缆索法忽略了作用于缆索上的部分外力不同，缆索函数法同时考虑了所有作用力对缆索运动的影响。缆索函数法通过定义一些广义无因次 β 函数来表征缆索的静力学特征参数，将 β 函数分为两类，一类是与缆索分布形式(是否对称、缆索数量、缆索类型等)相关的函数，一类是与水深、弹性模型等参数相关的函数，在计及所有外力的基础上通过制定相应的计算图表得到缆索的静力平衡。

2.1.2　缆索动力学研究方法

由式(2-1)可以看出，缆索的动力学方程是一种形式复杂的时变的强非线性方程，无法用解析的方式求解，只能采用数值方法进行动力或运动学分析，一般根据缆索运动特性的不同可分为时域方法和频域方法。频域方法多采用摄动方法，将所有的非线性项线性化，认为动态量是静力平衡位置处的摄动小量，质量、附加质量、刚度等缆索的自身特性保持不变。时域方法在建立数学模型时将所有的非线性因素都考虑进去，对每一时间节点所对应的质量、阻尼、刚度和载荷重新进行计算。根据力学模型的不同，又可将时域方法分为有限段法、集中质量法、有限元法，有限差分法等[75]。

2.1.2.1　频域摄动法

采用频域方法计算缆索运动响应的优点是无须考虑瞬态过程，直接可以得到稳态的简谐响应，同时可以减少计算缆索系统动态响应所需的计算时间，缺点是忽略了所有非线性效应，故频域方法原则上适用于求解线性系统。若用该方法求解非线性问题，则须认为动态变化量是静力平衡位置处的摄动小量，且质量、附加质量、刚度等参数不变，应用摄动方法亦可将缆索的非线性运动方程转化为不同阶的线性方程，通过求解线性微分方程得到非线性运动结果。但是由于频域方法求解过程的局限性，对于缆索的强非线性和运动稳定性分析等相关问题求解并不十分理想。

2.1.2.2　有限段法

采用有限段法求解缆索运动响应的主要思想是将连续缆索离散化，离散后的微段构成多体系统，然后采用牛顿-欧拉法、拉格朗日法、罗伯森-威腾伯格法或凯恩法进行处理。牛顿-欧拉法和拉格朗日法属于传统的经典力学范畴，只能求解较为简单的多体系统，不便于计算机计算。罗伯森-威腾伯格法在运动方程推导和计算机应用方面取得较大突破，但由于其方程推导过程和表达形式不便于求解而未得到广泛应用。凯恩方法兼有牛顿-欧拉法和拉格朗日法的优点，适合多体系统建模，引用广义力，从而避免了牛顿-欧拉法中对物体间相互作用力和约束力冗长的微分运算，且凯恩法没有使用能量函数，不存在拉格朗日法中对标量能量函数进行求导所遇到的数值困难。

2.1.2.3 集中质量法

集中质量法也是离散方法的一种，将缆索质量的连续分布离散为有限个点处的集中分布来替代，缆索简化为由一系列的质点和无质量的线性弹簧组成的质量—弹簧系统，运用有限差分法进行求解。具体做法是将缆索分为 n 段，缆索受重力、浮力及流体拖曳力等外载荷的作用，所有作用力集中于 $n+1$ 个节点上，节点之间由弹簧连接。由于建模过程没有建立在微幅运动假设的前提下，故可用于计算缆索的三维大幅运动以及非均匀缆索的动力响应。当缆索某处附有悬挂物或浮体时，根据牛顿第二定律可得第 i 节点的运动方程为：

$$m_i a_i + \frac{1}{2} e_i a_{iN} \bigg|_i + \frac{1}{2} e_{i-1} a_{iN} \bigg|_{i-1} = F_i \tag{2-9}$$

式中，m_i 表示缆索单元质量；a_i 表示缆索单元加速度；e_i 和 e_{i-1} 分别为节点之间的附加质量；a_{iN} 表示加速度的法向分量；F_i 表示包括节点左右两个单元内的缆张力、流体拖曳力、缆索的重力和浮力等，可采用有限差分方法进行求解。集中质量模型在求解的过程中计算量中等，可以解决包括非线性、不均匀缆和振荡流等多种问题，这种处理方法在工程上应用较为广泛，见图 2-2。

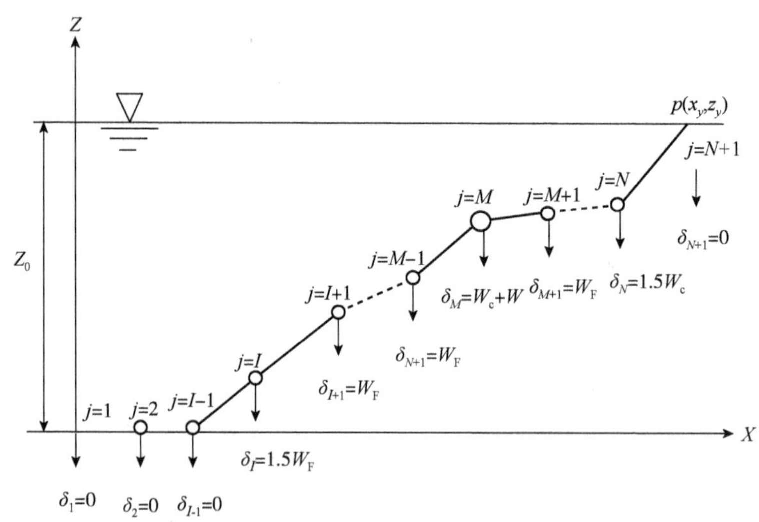

图 2-2 集中质量——弹簧模型

2.1.2.4 有限元法

有限元法的基本思想是将缆索看作由两端铰接的、有弹性的连续介质单元组成，利用各单元内假设的近似函数来逼近全求解域内的未知函数，逐步进行数值求解。有限元法将一个连续的无限自由度问题转变为离散的有限自由度问题，求解出未知函数后，可通过插值函数得到各单元内的近似函数,从而得到整个求解域内的近似解,若单元满足收敛条件,随着单元数目的增加,近似解将收敛于精确解。该方法能够对任意结构或连续体进行建模分析,能够较容易地建立运动控制方程,可以适应任意边界条件和任意载荷,而且所建立的系统矩阵具有良好的数值特性,近年来得到较快的发展和广泛的应用。

2.1.2.5　有限差分法

有限差分法是广泛适用于求解微分方程定解问题的一种数值方法,对求解流体力学中偏微分方程边值和初值问题较为有效,其基本思想为用离散后的含有限个未知函数的差分方程组近似替代连续的微分方程和定解条件,并把差分方程组的解作为微分方程的近似解。常用的差分方法包括向前差分、向后差分、中心差分等。

2.2　弹性波基本理论

前述缆索计算方法多将缆索视为刚体,采用牛顿定律分析其运动而忽略了缆索自身的变形。对于水下吊装缆索而言,随着长度的增加,其自身的弹性性能表现得异常突出。在突变载荷的作用下,吊索变形并非整体保持均匀,其运动也不会整体一致,变形和运动是一个不断发展和传播的过程,此过程可看作类似波动的微观过程,显然此类问题已超出了经典力学的求解范畴,而采用弹性动力学中的弹性波理论可有效解决此类问题[76]。

2.2.1　弹性动力学概述

弹性动力学属于连续介质力学的范畴,其分析基础是连续介质假设。弹性波理论是弹性动力学的重要组成部分,是研究弹性体应力或变形扰动传播的理论,着眼于连续介质不断随时间和空间变化的非定常、非均匀运动,重点分析介质在动载荷影响下的局部效应。在弹性波理论中,载荷与介质的影响是相互耦合的,不能简单地分离开来,故弹性波与介质动力学性能之间存在着密不可分的依赖关系[77]。

与静力学相比,弹性体在动载荷影响下的运动响应在性质上有很大差别。静力学研究可将加载过程认为是缓慢的,不影响弹性体的运动,故其惯性效应可以忽略不计,弹性体在加载过程中各部分都处于静力平衡状态,给定荷载下的响应具有唯一解,考察静态响应时只需考虑加载前后弹性体的变形差异。但动力学过程则不然,加载过程中弹性体产生明显的加速度,进而引起的惯性力对弹性体的变形和运动有显著影响,局部的扰动并不能立即引起远离扰动源部分的响应,且每一点处的响应也随时间变化。大量研究结果表明,弹性体的动力学响应不仅与扰动源的载荷强度、频谱成分、持续时间等有关,还与组成弹性体的固有几何特征、动力学特征以及边界条件密切相关。当载荷作用时间较短及变化很快时,同时弹性力在受力方向的尺寸又足够大,例如本文中的吊索,此时弹性波的传播对物体的动态响应影响就显得尤为重要。试验结果表明,材料的本构关系是影响弹性体在不同变形下动态响应的重要因素之一[78-79]。

对弹性力而言，动力学特征主要是指介质的弹性性质和惯性性质，这两种性质能够使系统的能量得以维持和传递，构成了弹性体内波动与振动的机制。查阅相关资料表明，深海吊装过程中使用的缆索多为聚酯纤维材料，其具有很强的黏弹特性。因此，求解吊索运动与变形之间的关系时可采用弹性动力学中的弹性波理论，亦可得到吊索不同位置处的位移张力。

2.2.2 弹性波与弹性振动

弹性动力学的主要目标是在给定扰动、边界条件、初始条件时求解弹性体的动力响应，由于弹性体内存在波动与振动机制的动态平衡，故其解的形式包含波动解和振动解两种形式。波动解主要解决行波在弹性体内的微观传播过程，振动解主要解决宏观表现弹性体的振动，两者既相互影响又存在一定差异[80-84]。

对弹性体施加载荷的过程可以看作弹性体局部受到突然扰动，并不能立即引起其他部分的运动。究其原因为连续介质中各质点由于受到约束力而彼此联系以来，未受扰动前质点间的相互作用处于平衡状态，某质点受扰动后偏离原平衡位置进入运动状态，质点间相对位置的变化引起受扰动质点与相邻质点间产生弹性力，进而引起相邻质点进入运动状态，此种运动依次传递即形成弹性波。当扰动到达弹性体边界时，与边界发生相互作用而产生反射，由于扰动在边界上的来回反射宏观表现为在弹性体平衡位置附近的一种周期性的振荡现象，此现象称为弹性体的振动。

弹性波与弹性振动之间存在本质的内在联系，两种现象的形成机理相同，都是由介质的弹性和惯性两个基本性质决定的。弹性性质可将产生位移的质点恢复到原平衡位置，而运动质点的惯性可维持和传播当前的运动状态，即弹性是存储势能的要素，惯性是维持动能的表征。弹性波的传播和弹性体的振动，实际可以看作同一物理问题的不同表现形式，扰动一开始总是以行波的方式将能量传播出去，在弹性体的边界来回反射而使得物体趋于定常的运动状态，则表现为振动现象。弹性体的振动属于波动过程的特殊表现形式，是一种在弹性体内长时间的波动过程。

数学中对实际弹性动力学的动力响应问题的解答分别采用波动解和振动解。波动解具有形如波函数 $F(x \pm ct)$ 的形式，可对波动过程以直观形象的描述，在每一时刻都可清晰地看出扰动传播的形状和所达到的位置。振动解一般表示为 $\sum_n \Phi(x)q(t)$ 无穷级数的形式，每一项代表在空间具有固定模态并按一定频率振动的驻波。由此可见，振动解是用无穷多个驻波叠加来描述行波的传播，而驻波可由相同频率的简谐行波叠加得到。两种解答可由 Fourier 级数联系起来，反映了波动与振动之间的本质联系。同时两种解答也有各自的特点，波动解中不同空间点存在相位差，而振动解则将弹性体看作质点作同步运动的大振子，不存在相位差，各质点振动幅值由空间模态函数 $\Phi(x)$ 确定。

对特定的动力响应问题进行求解时，选择解的形式要根据实际问题的需要来确定。既取决于扰动源的性质，又与物体的相对尺寸、求解问题的关注点等因素有关。对一般的机械振动和工程结构的动力响应问题，由于研究对象的尺寸相对较小，则可不考虑波动过程，直接采用振动解进行分析更为简单可行。当载荷作用时间极短或变化极为迅速的情况下,或研究对象尺寸过大时,局部扰动主要激发波动过程,整体振动较为微弱,了解物体的瞬态变形和应力变化规律就显得尤为重要,显然采用波动解更为合适。若采用振动解,由于其频带较宽,即使级数取很多项仍难给出满意解答。

对于水下安装吊缆来说,由于扰动瞬间变化较快,吊索在载荷作用方向的尺寸较大,同时需要考虑吊索变形与运动之间的相互影响,故采用波动解分析吊索的运动响应较为合适。

2.2.3　拉格朗日法和欧拉法

在连续介质力学中,一般采用两种不同的观点来研究介质的运动,即拉格朗日法和欧拉法[85]。

拉格朗日法着眼于固定质点,随固定质点来观察物质的运动,所研究的是给定质点上不同物理量随时间的变化,以及物理量由固定质点转到其他质点时的变化,即把物理量 φ 看作质点 x 和时间 t 的函数:$\varphi=f(x,t)$。

欧拉法是在固定空间点上观察物质的运动,其研究的是指定空间点上不同时刻到达该点的不同质点处的物理量随时间的变化,以及物理量由一空间点转到其他空间点时的变化,即将物理量 φ 看作质点 y 和时间 t 的函数:$\varphi=f(y,t)$。

研究连续介质运动的基本方程包括运动学条件(连续方程或质量守恒方程)、动力学条件(运动方程或动量守恒方程)以及材料本构关系(物理方程)。下面以一等截面均匀杆的纵向运动为例来说明如何采用拉格朗日法建立控制方程[82]。

均匀杆变形过程满足平断面假定,各运动参量仅是 x 和 t 的函数,位移 u、应变 $\varepsilon=\dfrac{\partial u}{\partial x}$,质点速度 $v=\dfrac{\partial u}{\partial t}$和应力 σ 均可直接表示为 x 方向的分量,同时应力只是应变的单值函数,则由位移 u 的单值连续条件可以得到连续性方程(即相容方程):

$$\frac{\partial \varepsilon}{\partial t}=\frac{\partial v}{\partial x} \tag{2-10}$$

在杆上取一长度为 dx 的微元体,则在微元体前后截面的受力关系为:

$$P(x+\mathrm{d}x,t)=P(x,t)+\frac{\partial P(x,t)}{\partial x}\mathrm{d}x \tag{2-11}$$

根据牛顿第二定律,可得到:

$$\rho A\mathrm{d}x\,\frac{\partial v}{\partial t}=P(x+\mathrm{d}x,t)-P(x,t)=\frac{\partial P(x,t)}{\partial x}\mathrm{d}x \tag{2-12}$$

式中,ρ、A 分别表示杆的密度和横截面积。

引入应力 $\sigma=\dfrac{P}{A}$,可得到运动方程为:

$$\rho\,\frac{\partial v}{\partial t}=\frac{\partial \sigma}{\partial x} \tag{2-13}$$

再写出材料的本构关系：

$$\sigma = \sigma(\varepsilon) \tag{2-14}$$

由于弹性波波速较高，在通过微元体的时间内，可忽略微元体和周围介质热量的交换，即式(2-14)表示的是绝热过程的应力应变关系，与式(2-10)和式(2-13)组成了关于变量 σ、ε、v 的封闭控制方程组，则弹性波的传播问题就转化为给定初始条件和边界条件下，通过求解控制方程组得到未知函数 $\sigma(x,t)$、$\varepsilon(x,t)$ 和 $v(x,t)$。

引入弹性波的传播速度：

$$c^2 = \frac{1}{\rho} \cdot \frac{\mathrm{d}\sigma}{\mathrm{d}\varepsilon} \tag{2-15}$$

将式(2-4)、式(2-5)代入式(2-6)消去 σ 可以得到：

$$\frac{\partial v}{\partial t} = c^2 \frac{\partial \varepsilon}{\partial x} \tag{2-16}$$

将 $\varepsilon = \frac{\partial u}{\partial x}$ 和 $v = \frac{\partial u}{\partial t}$ 的表达式代入式(2-7)，可得：

$$\frac{\partial^2 u}{\partial t^2} - c^2 \frac{\partial^2 u}{\partial x^2} = 0 \tag{2-17}$$

由式(2-17)可以看出，求解连续介质的动力响应可归结为求解未知函数的二阶偏微分双曲型波动方程的问题。

对方程(2-17)赋初值，当 $t=0$ 时刻初始扰动定义为 $\psi = f(x)$，则可将此扰动定义为简谐函数叠加的形式：

$$f(x) = \sum a(k) \exp(ikx) \tag{2-18}$$

若 $t>0$，则有：

$$\psi(x,t) = \sum a(k) \exp\{ik[x - c(k)t]\} = \sum a(k) \exp\{i[kx - \omega(k)t]\} \tag{2-19}$$

式中，$c(k) = \frac{\omega(k)}{k}$；$k$ 为简谐波的波数；$c(k)$ 和 $\omega(k)$ 分别表示波数为 k 的简谐波的相速度和圆频率。

则根据波动的意义，式(2-10)代表了一个波动，称 $\omega = \omega(k)$ 为系统的弥散关系。弥散关系的不同导致波动呈现出不同的特征，根据其性质可将波动进行分类：

(1)若 $\omega = \omega(k)$ 为实函数，且正比于 k，则相速度 c 与波数 k 无关，此时系统较为简单，波动在传播过程中速度不变，形状不变，称此种波动为简单波；

(2)若 $\omega = \omega(k)$ 是关于 k 的非线性实函数，即 $\omega^n(k) \neq 0$，此时系统是弥散的，不同波数的简谐波具有不同的传播速度，于是初始扰动波形随时间的发展将发生波形扭曲，称此种波为弥散波。根据引起弥散的原因不同，可分为物理弥散和几何弥散。前者是由于介质自身特性引起的，弥散关系可由问题的控制方程导出；后者是由于几何效应引起的，其弥散关系往往由边界条件确定；

(3)若 $\omega=\omega(k)$ 为复函数,则波的相速度由$\frac{\omega(k)}{k}$的实部给出,令复函数 $\omega(k)=\alpha(k)+i\beta(k)$,则解可以表示为:

$$\psi(x,t)=\sum a(k)\exp[\beta(k)t]\exp\{i[kx-\alpha(k)t]\} \tag{2-20}$$

2.2.4 黏弹性本构关系

所谓黏弹性体,指的是既具有固体变形的弹性性质,同时兼有液体流动的黏性性质,其典型现象为蠕变和松弛。所谓蠕变,指的是在材料中作用的应力恒定,但应变随时间改变的现象;松弛指的是在材料中应变恒定,但应力却随时间改变的现象[86]。

典型的黏弹性体的本构关系一般分为两类:

(1)麦克斯韦体:

$$\dot{\varepsilon}=\frac{\dot{\sigma}}{E}+\frac{\sigma}{\eta} \tag{2-21}$$

(2)开尔文体:

$$\sigma=E\varepsilon+\eta\dot{\varepsilon} \tag{2-22}$$

以上两式中,E 为材料的弹性模量,η 为黏性系数。在海洋工程领域,常用的聚酯材料缆绳的本构关系经验公式为:

$$\frac{E}{\rho}=\alpha+\beta L_m-\gamma L_a-\delta\log(\tau) \tag{2-23}$$

化简整理后可得:

$$E=\rho[\alpha-\log(\tau)]+\rho(\beta L_m-\gamma L_a) \tag{2-24}$$

上式右边第一项为与拉应力有关的项,第二项为与时间有关的项,通过比较可知,聚酯材料缆绳的本构关系可简化开尔文体的形式。

开尔文体材料中波传播的控制方程由式(2-10)、式(2-13)和式(2-22)组成,即:

$$\begin{cases}\dfrac{\partial v}{\partial x}=\dfrac{\partial\varepsilon}{\partial t}\\ \rho\dfrac{\partial v}{\partial t}=\dfrac{\partial\sigma}{\partial x}\\ \sigma=E\varepsilon+\eta\dfrac{\partial\varepsilon}{\partial t}\end{cases} \tag{2-25}$$

若以位移 u 为未知函数,则有:

$$\rho\frac{\partial^2u}{\partial t^2}=E\frac{\partial^2u}{\partial x^2}+\eta\frac{\partial^3u}{\partial x^2\partial t} \tag{2-26}$$

将 $c^2=\frac{E}{\rho}$,$\tau=\frac{\eta}{E}$代入上式可得到标准的黏弹性波动方程:

$$\frac{\partial^2u}{\partial t^2}-c^2\frac{\partial^2u}{\partial x^2}-c^2\tau\frac{\partial^3u}{\partial x^2\partial t}=0 \tag{2-27}$$

式(2-27)是对位移 u 的三阶偏微分方程,当延迟时间 τ 很小时,式中第三项可省去(即忽略黏性),则化为二阶标准波动方程。

2.2.5 弹性波的求解方法

由于波动的随机性及传播过程的复杂性,大多数波的传播问题得不到解析解,故根据问题的实际应用及特点,发展了多种解析、半解析、近似数值等求解方法,常见的求解方法包括以下几种[80-86]:

1)波函数展开法

该方法是分离变量方法中的一种,其核心思想为将位移场 u 分解为无旋场和有旋场,并分别满足相应的标量和矢量波动方程,关键是如何求解标量方程和矢量方程。此方法适用于求解均匀各向同性介质中弹性波二维、三维问题和柱体、球体中波的传播问题,通常采用所有方向上平面波的叠加或其他方法找到通解。对于不均匀介质中的弹性波可采用近似方法处理,如频率的倒幂次渐进展开、抛物形近似或几何射线理论以及射线法与有限差分法组成的混合法。

2)积分方程法

该方法可用于求解涉及扰动源的波动问题,其数学基础是动力互易原理。积分方程可以通过格林函数和变分方法推出,将域内问题转化为边界问题进行求解。适用于求解均匀各向异性问题,关键在于格林函数的确定。对不均匀介质,由于格林函数是未知的而不能求解,此方法是有限元法和边界元法的基础。

3)积分变换法

该方法的主体思路为把原函数空间难以求解的问题通过变换,化为函数空间较为简单的问题求解,然后进行逆变换,最后得到原问题的解。此方法的难点在于逆变换很难得到精确解,常用于瞬态波动问题,对非线性问题的求解并不理想。常见的积分变换类型包括 Laplace 变换、Fourier 变换、Hankel 变换等。

4)广义射线法

此种方法主要用于研究层状介质中弹性瞬态传播问题,其特点是有明显的物理特征,将由波源发出而在某一瞬间到达接收点的波分解为直接到达、经一次反射到达、经二次反射到达……经 N 次反射到达的波叠加得到,能够清晰地反映瞬态波的传播过程。

5)特征线法

特征线指的是在(x,t)平面内一条曲线,在此曲线上待求函数的导数值不确定,故跨过此曲线时,导数可以不连续。特征线法的实质是基于沿特征线的数值积分,对研究弹性波传播问题有特殊意义。由于物体受短时强荷载作用时的能量是沿特征线传播的,找出特征线就得到了问题的解,可以给出清晰的图像,对线性、非线性问题的研究都较为有效,求解起来方便可靠,有较高的数值稳定性,已经成为弹性波研究的经典方法。

6)其他求解方法

随着波动问题的不断发展,适用领域和应用范围的不断扩大,问题复杂程度的不断提高,许多更新的研究方法得到发展,特别是采用数值方法来解决相关问题。目前发展和应用较为成熟的方法包括摄动法、小波变换、T-矩阵法、谱分析、反射率法、边界元法、有限差分法、有限元法等。

2.3　研究方法适用性分析

本文尝试从静力学和动力学两个方面探究缆索在波流环境中的力学响应特性,从经典力学的角度出发,建立吊缆的静力学平衡方程,可直接求得解析解;以弹性波理论为基础,从能量的角度出发,根据 Hamilton 原理建立缆索非线性运动方程,实际上是属于非线性双曲型的波动方程,具有瞬时的非线性边界条件,故方程得不到解析解,需采用数值解法求解,通过对不同方法特点的分析及结合相关文献研究结果可以看出,求解本文涉及问题的较为适用的方法包括有限元法、有限差分法和集中质量法。

有限元法多用于求解偏微分方程的等效积分形式,对所有连续物理量进行节点等效处理,需要利用变分原理构造出包含非线性成分的方程,运用适当的迭代算法进行计算,每一步均需重新生成系数矩阵并处理边界条件,但其系数矩阵的奇异程度较大,受单元质量影响严重,故适用于几何复杂的弱非线性情形;而有限差分法求解是的原方程的差分方程,可对方程中的瞬态强非线性项直接离散;集中质量法中采用显示时域积分法是条件收敛的,在计算精度相同的情况下,有限差分法计算速度快,有限元法和集中质量法往往需要将时间步长设置得很小以便于求解稳定收敛。这样对计算机的计算效率和存储能力提出了巨大的挑战。研究结果表明,针对大位移的缆索内在固有非线性问题,有限差分法与有限元法和集中质量法相比是最适宜的一种方法。

因此本文尝试应用弹性波理论建立深水吊缆的非线性运动方程,采用有限差分法进行求解,得到非线性双曲型偏微分方程的波动解。

2.4　本 章 小 结

以海洋工程领域常用的水下缆索控制方程为出发点,从经典力学的角度对研究缆索的方法在静力学和动力学两个方面展开介绍,针对不同的研究方法给出了基本力学思想、控制方程以及求解特点。接着引入与本文相关的弹性波理论,在介绍弹性动力学基本概念和基本理论的基础上,分析了与弹性波理论相关的波动解与振动解的区别和联系,引出描述介质运动的两种方法,以均匀杆变形过程为例给出拉格朗日观点下的波动方程,在介绍黏弹性体本构关系的基础上给出黏弹性波动方程,并简要介绍了求解弹性波问题的常用方法。最后对研究方法适用性进行分析,尝试采用经典力学理论建立吊缆的静力学平衡方程,运用弹性波理论建立深水吊缆的非线性运动方程,并采用有限差分法进行求解,为吊缆的动静力学研究奠定了基础。

第 3 章　深水吊缆力学建模与分析

3.1　概　　述

缆索系统是海洋工程领域的重要分支,其性能的优劣是决定海洋结构物是否能够安全作业的关键所在。随着海洋勘探范围和开发领域的不断扩大,缆索系统在海洋打捞、救生抢险、资源调查、油气开采、水下施工等方面得到广泛的应用。在进行水下吊装施工作业时,吊缆的力学性能和运动响应是保障施工过程安全高效的决定性因素。

深水吊缆自身的结构特性为完全挠性的,只能承受拉力,不能承受压力和弯矩,这就决定了吊缆在力学特性和几何形状等方面具有较强的非线性,尤其是随着作业水深的不断增加,吊缆的几何非线性程度也越来越强。与系泊缆索不同,吊缆一端与工作母船相接,由于母船在风、浪、流等环境载荷下产生六自由度运动响应,故不能将其看作固定端,可以当作外部激励源;另一端连接吊载,为自由端,其运动响应也呈现较强的非线性。由于吊载运动响应的非线性导致吊缆在水下运动过程中呈现松弛和张紧交替出现的过程,因此,为了准确把握吊缆的力学特性和非线性运动特征,掌握吊载在不同外部激励下的运动响应,需建立深水吊缆的力学模型并进行分析,为后续相关理论的研究奠定基础。

3.2　深水吊缆静力学建模

一般将深水吊缆看作理想状态下的完全弹性体,不考虑扭转等三维变形,选择静水中单一成分的吊缆,建立直角坐标系如图 3-1 所示,设吊缆两端点 A、B 的坐标分别为 $A(0,0)$ 和 $B(l,h)$,A 点连接于工作母船上,B 点连接吊载。吊缆上任意一点的坐标为 $P(x,z)$,弧长坐标为 p,则吊缆受力如图 3-2 所示,同时考虑到吊缆的伸长,由此可得吊缆的静力学平衡方程为[87]:

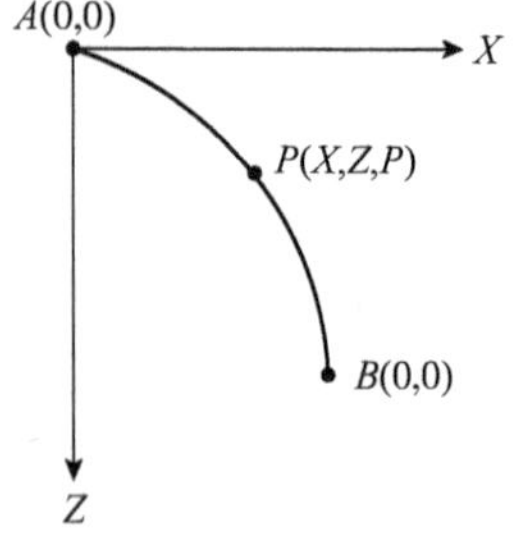

图 3-1　静态弹性缆绳坐标

$$T\frac{\mathrm{d}x}{\mathrm{d}p} = H \tag{3-1}$$

$$T\frac{\mathrm{d}z}{\mathrm{d}p} = V - mgs \tag{3-2}$$

同时,吊缆应满足的几何关系为:

$$T = EA\left(\frac{\mathrm{d}p}{\mathrm{d}s} - 1\right) \tag{3-3}$$

式中,E 和 A 分别为缆绳的弹性模量和横截面积。

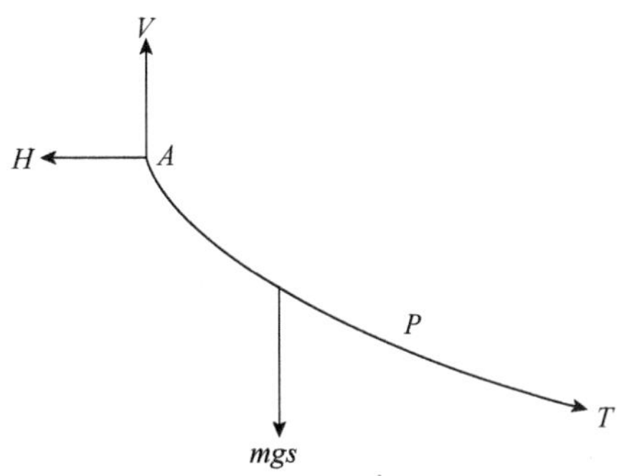

图 3-2　缆索受力图

吊缆 A、B 两端点的边界条件为：

$$x=0,z=0,p=0 \quad 在\ s=0\ 处(A\ 点) \tag{3-4}$$

$$x=l,z=h,p=L \quad 在\ s=L_0\ 处(B\ 点) \tag{3-5}$$

式中，L_0 为缆绳为拉伸时的长度；L 为拉伸后缆绳的长度。

根据式(3-4)及式(3-5)两个边界条件，求解式(3-1)和式(3-2)可以得到吊缆缆张力的表达式为：

$$T(s) = [H^2 + (V - \omega gs)^2]^{\frac{1}{2}} \tag{3-6}$$

将式(3-4)、式(3-6)代入式(3-3)，并考虑积分变换$\frac{\mathrm{d}x}{\mathrm{d}s}=\frac{\mathrm{d}x\mathrm{d}p}{\mathrm{d}p\mathrm{d}s}$，可得：

$$x(s) = \frac{Hs}{EA} + \frac{H}{\omega g}\left[\sinh^{-1}\left(\frac{V}{H}\right) - \sinh^{-1}\left(\frac{V-\omega gs}{H}\right)\right] \tag{3-7}$$

$$z(s) = \frac{\omega gL_0 s}{EA}\left(\frac{V}{\omega gL_0} - \frac{s}{2L_0}\right) + \frac{H}{\omega g}\left\{\left[1 + \left(\frac{V}{H}\right)^2\right]^{\frac{1}{2}} - \left[1 + \left(\frac{V-\omega gs}{H}\right)^2\right]^{\frac{1}{2}}\right\} \tag{3-8}$$

运用边界条件式(3-5)可以得到吊缆伸长后的总长度为：

$$l = \frac{HL_0}{EA} + \frac{H}{mg}\left[\sinh^{-1}\left(\frac{V}{H}\right) - \sinh^{-1}\left(\frac{V-mgL_0}{H}\right)\right] \tag{3-9}$$

$$h = \frac{\omega gL_0^2}{EA}\left(\frac{V}{\omega gL_0} - \frac{1}{2}\right) + \frac{H}{\omega g}\left\{\left[1 + \left(\frac{V}{H}\right)^2\right]^{\frac{1}{2}} - \left[1 + \left(\frac{V-\omega gL_0}{H}\right)^2\right]^{\frac{1}{2}}\right\} \tag{3-10}$$

式(3-9)和式(3-10)即为经典的悬链线静力学方程。

用于深水吊装的吊缆本身受力及工作特点与悬链线有所不同，吊装作业时无环境载荷时吊缆仅受竖直方向的力，水平方向可视为不受力。因此，对于式(3-9)和式(3-10)，与水平力 H 相关的量可以直接忽略，且 $l=h$，于是得到吊缆的张力与缆绳长度之间的关系：

$$l = \frac{\omega gL_0^2}{EA}\left(\frac{V}{\omega gL_0} - \frac{1}{2}\right) \tag{3-11}$$

将式(3-11)代入式(3-6)可得缆张力与缆绳长度之间的关系：

$$T = \left(\frac{EA}{L_0} - \omega g\right)l + \frac{1}{2}\omega gL_0 \tag{3-12}$$

3.3 吊缆张力分析

由式(3-12)可以看出,对于一定材料的吊缆,静止状态下缆张力与吊缆长度呈现线性关系,与实际情况相符。同时,缆张力与吊缆的弹性模量 E、横截面积 A、单位长度的质量 ω 等参数有关。

为分析吊缆的静力学特性,通过数值计算进行说明。采用文献[88]中的吊缆参数进行计算:吊缆弹性模量 $E=60\times10^9\text{N/m}^2$,吊缆直径 $D=32.7\text{mm}$,线密度 $\rho=3.4\text{kg/m}$,单位长度质量 2.6kg/m,分别取吊缆长度为 500m, 1000m, 1500m, 2000m, 2500m, 3000m, 3500m, 4000m, 4500m 进行计算,并与文献计算结果比较,如图 3-3 所示。

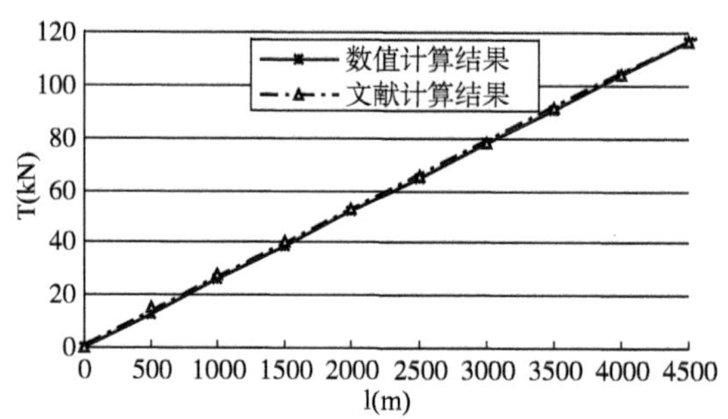

图 3-3 缆张力计算结果比较

由图 3-3 可以看出,数值计算结果与文献资料中的计算结果吻合较好,从而验证了吊缆静力学方程式(3-12)的正确性。并且随着吊缆长度的增加,缆张力也随之增大,缆张力与吊缆长度呈线性关系,并未表现出非线性,究其原因为在静止状态,吊缆仍然保持在弹性范围内,此时吊缆的张力与缆绳长度仍符合胡克定律,同时弹性模量 E 与缆绳横截面积 A 在计算过程中设定为常数,不随缆绳长度的变化而变化,因此数值计算得到的结果呈现线性关系。

考虑到吊装作业的特殊性,深水吊缆采用 Dyneema 材料。Dyneema 是荷兰 DSM 公司在 20 世纪 80 年代研发的目前世界上最强的纤维材料,其强度是优质钢的 10 倍以上,具有较高的模量和较低的密度,具备优异的耐酸碱、耐腐蚀和耐磨损等性能,使用寿命是其他缆索的 2~3倍。Dyneema 缆在空气中单位长度的质量为 15kg/m,在水中的质量为 3.2kg/m, $EA=500\text{MN}\cdot\text{m}$,吊缆长度与前述选取相同,代入式(3-12)计算,结果如图 3-4 所示。

图 3-4 给出的是无吊载状态时吊缆的缆张力与缆索长度的关系,为分析吊载对缆索张力的影响,为吊缆动力学分析提供客观依据,计及吊载的质量,则可以得到此时缆张力的表达式为:

$$T=\left(\frac{EA}{L_0}-\omega g\right)l+\frac{1}{2}\omega gL_0+Mg \tag{3-13}$$

式中,M 表示吊载的质量。

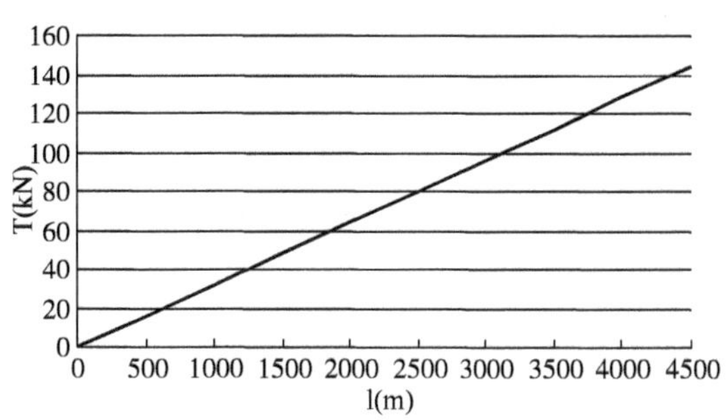

图 3-4　吊缆张力计算结果

分别对吊载为 0t、5t、10t、50t、100t 和 200t 六种典型状态下不同吊缆长度时的缆张力进行计算，并与无吊载状态进行比较，计算结果见表 3-1 和图 3-5 所示。

不同吊载时缆张力随吊缆长度变化计算结果(kN)　　表 3-1

缆索长度(m)	吊载(t)					
	200	100	50	10	5	0(无吊载)
100.00	1963.20	983.20	493.20	101.20	52.20	3.20
200.00	1966.40	986.40	496.40	104.40	55.40	6.40
300.00	1969.60	989.60	499.60	107.60	58.60	9.60
400.00	1972.80	992.80	502.80	110.80	61.80	12.80
500.00	1976.00	996.00	506.00	114.00	65.00	16.00
1000.00	1992.00	1012.00	522.00	130.00	81.00	32.00
1500.00	2008.00	1028.00	538.00	146.00	97.00	48.00
2000.00	2024.00	1044.00	554.00	162.00	113.00	64.00
2500.00	2039.99	1059.99	569.99	177.99	128.99	79.99
3000.00	2055.99	1075.99	585.99	193.99	144.99	95.99
3500.00	2071.99	1091.99	601.99	209.99	160.99	111.99
4000.00	2087.98	1107.98	617.98	225.98	176.98	127.98
4500.00	2103.98	1123.98	633.98	241.98	192.98	143.98

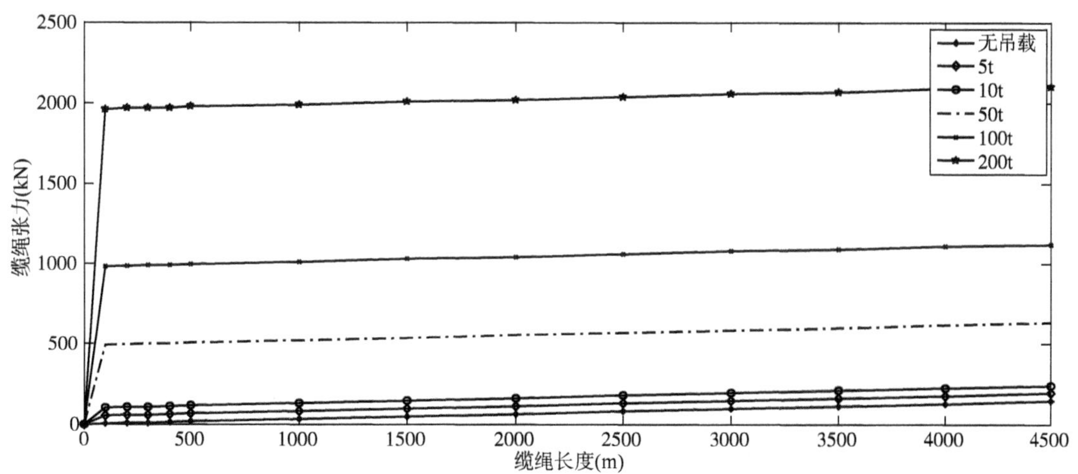

图 3-5　不同吊载时缆张力随吊缆长度变化

从表 3-1 的计算结果和图 3-5 可以看出,同一缆长时,吊缆的静张力随着吊载的不断增加而增加,且增加的幅度不断增大;相同吊载时,吊缆的静张力随缆长的增加而增加。根据式(3-13),缆张力与吊缆长度本应呈线性关系,但观察图 3-5 可以看出,每条曲线皆出现了“拐点”,“拐点”前后的斜率不同,并且随着吊载质量的不断增大,“拐点”前后斜率的差异也越大,由此可以看出当吊载质量较大(50t 以上)而吊缆长度较小(100m 以内)时,缆张力随吊载变化的增长速度较快,此时类似于动力学中的突变载荷,吊缆易出现断裂等现象。

3.4 缆张力对弹性模量的影响

Dyneema 是属于聚酯纤维的一种黏弹性材料,力学特性呈现较强的非线性,原因为聚酯纤维的弹性模量不是一个常数,而是随外部激励周期、缆索表面光滑度、载荷持续时间等因素变化的,图 3-6 给出了不同循环载荷作用下,聚酯纤维缆的应力—应变关系曲线[73],因此在计算吊缆的力学性能时不能将其看作是常数,需考虑缆张力的变化对弹性模量的影响。

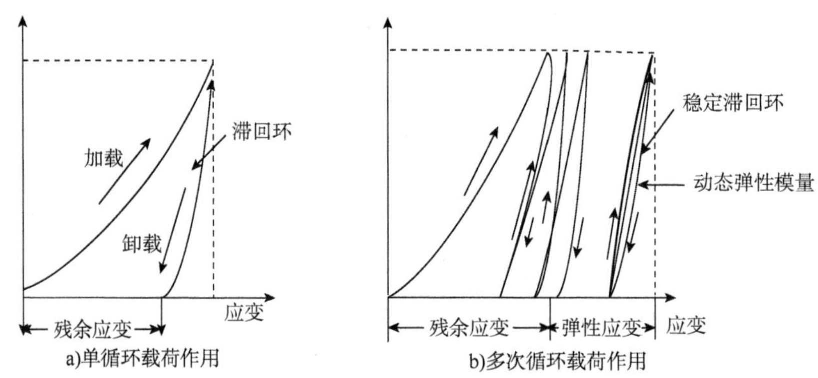

图 3-6 聚酯纤维缆应力—应变关系曲线

Del Vecchioto 通过试验给出了用于计算常温环境条件和循环载荷作用下聚酯纤维弹性模量的计算公式[89]:

$$\frac{E}{\rho} = \alpha + \beta L_m - \gamma L_a - \delta \log(T) \tag{3-14}$$

式中,E 表示缆索弹性模量;ρ 为缆索密度;α、β、γ、δ 分别表示与缆索材料特性相关的参数,通过试验测定得到;L_m 为平均张力;L_a 为平均动张力;T 为动张力变化周期。

Fernandes[90] 等针对动张力变化周期 T 与缆索弹性模量的关系做了深入的研究,并通过试验证明,T 对 E 的影响较弱,在运用式(3-14)进行计算时可以忽略不计,则式(3-14)可以表示为:

$$E = \alpha' + \beta' L_m - \gamma' L_a \tag{3-15}$$

文献[74]中聚酯缆索的参数与 Dyneema 缆类似,故采用文献中提供的参数,采用迭代法计算不同吊载时吊缆的弹性模量,取 $\alpha' = 14.469$,$\beta' = 0.2113$,忽略平均动张力 L_a,计算结果如表 3-2 和图 3-7 所示。

不同吊载及缆长时弹性模量计算结果(MPa)　　表 3-2

缆索长度(m)	吊载(t)					
	200	100	50	10	5	0(无吊载)
100.00	16432.20	15452.20	14962.20	14570.20	14521.20	14472.20
200.00	16435.40	15455.40	14965.40	14573.40	14524.40	14475.40
300.00	16438.60	15458.60	14968.60	14576.60	14527.60	14478.60
400.00	16441.80	15461.80	14971.80	14579.80	14530.80	14481.80
500.00	16445.00	15465.00	14975.00	14583.00	14534.00	14485.00
1000.00	16461.00	15481.00	14991.00	14599.00	14550.00	14501.00
1500.00	16477.00	15497.00	15007.00	14615.00	14566.00	14517.00
2000.00	16493.00	15513.00	15023.00	14631.00	14582.00	14533.00
2500.00	16508.99	15528.99	15038.99	14646.99	14597.99	14548.99
3000.00	16524.99	15544.99	15054.99	14662.99	14613.99	14564.99
3500.00	16540.99	15560.99	15070.99	14678.99	14629.99	14580.99
4000.00	16556.98	15576.98	15086.98	14694.98	14645.98	14596.98
4500.00	16572.98	15592.98	15102.98	14710.98	14661.98	14612.98

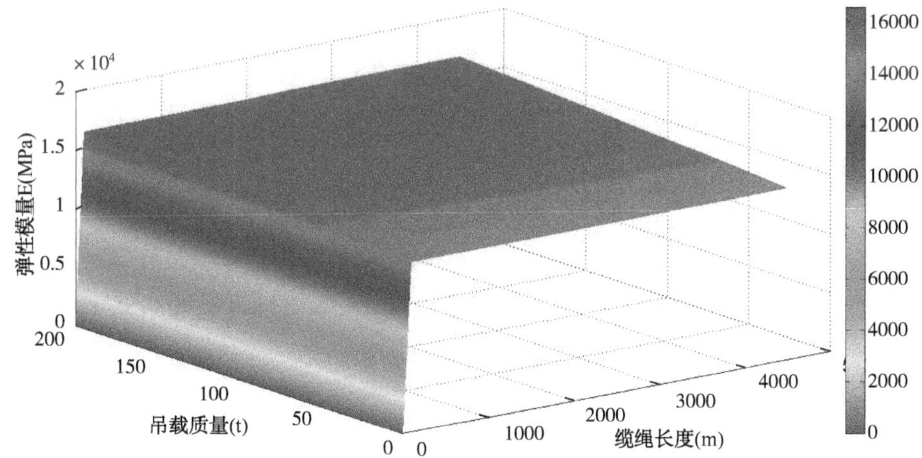

图 3-7　不同吊载及缆长时弹性模量变化

由表 3-2 的数值和图 3-7 的结果可以看出,随着缆绳长度的变化,同一吊载下吊缆的弹性模量变化较大;同一缆长时,弹性模量随吊载质量的增加呈增大趋势,但是增加的幅度并不大,这说明吊缆的长度变化对缆绳弹性模量的影响比吊载质量大。

3.5　深水吊缆动态模型的建立

以弹性波理论为基础,考虑吊缆的结构特点及弹性力学性能,忽略其弯曲、剪切及扭转刚度，用 S^0 表示吊缆未被拉伸时的几何形状，S^i 表示静态平衡位置，S^f 表示吊缆动态几何构型，空气中吊缆的几何构型如图 3-8 所示[91]。

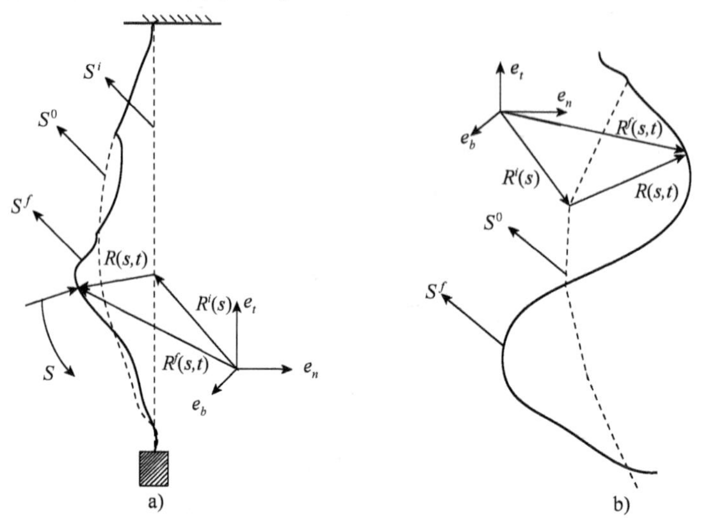

图 3-8　吊缆动态几何构型示意图

建立弧坐标 s，吊缆一端连接母船，另一端与吊载连接，图中给定的 $R^i(s)$ 和 $R^f(s,t)$ 分别表示吊缆上某一点在静态平衡位置和动态曲线上的位置向量，则吊缆相对于平衡位置的三维位移可以表示为：

$$R(s,t) = R^f(s,t) - R^i(s) \tag{3-16}$$

将 $R(s,t)$ 分别沿法向 $\vec{n}$、切向 $\vec{\tau}$ 和副法向 $\vec{b}$ 分为三个分量 $R_1(s,t)$、$R_2(s,t)$、$R_3(s,t)$ 可得：

$$R(s,t) = R_1(s,t)\vec{\tau} + R_2(s,t)\vec{n} + R_3(s,t)\vec{b} \tag{3-17}$$

考虑到吊缆运动的连续性和非线性，经典力学理论不再适用于分析吊缆连续的非线性运动，因此从能量的角度出发，根据 Hamilton 原理，认为吊缆的总能量由其自身的应变能、动能、重力势能、外力所做得功几个部分组成，进而推导出深水吊缆的三维非线性运动方程[92]。

描述吊缆瞬态应变能的表达式为：

$$e^f = \frac{1}{2}\frac{(ds^f)^2 - (ds^0)^2}{(ds^0)^2} = \frac{1}{2}\left(\frac{\partial R^f}{\partial s^0}\cdot\frac{\partial R^f}{\partial s^0} - 1\right) \tag{3-18}$$

式中，e^f 表示吊缆瞬态的应变能；s^f 表示吊缆伸长后瞬态构型的弧长坐标；s^0 表示吊缆未伸长时的弧长坐标。

则吊缆在瞬态构型 χ^f 时的应变能为：

$$\Psi_s^f = \Psi_s^i + \frac{1}{2}\int_0^{L^i}[2P^i(s^i,t)\,\varepsilon(s^i,t)\,(1+2e^i) + EA^i\varepsilon^2\,(1+2e^i)^2]\,\mathrm{d}s^i \tag{3-19}$$

式中，Ψ_s^i 为平衡位置 χ^i 时吊缆的应变能；L^i 表示平衡位置时吊缆的长度；A^i 为平衡位置 χ^i 吊缆的横截面积；E 为吊缆的弹性模量；$P^i(s^i,t)$ 为平衡时吊缆的静态张力，其表达式为：

$$P^i(s^i,t) = EA^ie^i \tag{3-20}$$

ε 为中心线拉伸后的拉格朗日应变的动态分量，其表达式为：

$$\varepsilon = (R_{1,s} - \kappa R_2) + \frac{1}{2}[(R_{1,s} - \kappa R_2)^2 + (R_{2,S} + \kappa R_1) + R_{3,s}^2] \tag{3-21}$$

当不考虑吊缆周围流体时，其重力势能可表示为：

$$\Psi_g^f = \Psi_g^i + \int_{\Omega^i} \rho A^i g(-l_\tau R_1 - l_n R_2)\,\mathrm{d}\Omega^i \tag{3-22}$$

式中，Ψ_g^i 表示在平衡位置 χ^i 时吊缆的重力势能；ρ 为吊缆的密度；l_τ 和 l_n 分别表示切向与法向的方向余弦。

对于水中的吊缆，如图 3-9 所示，由于受到浮力的作用，其方向与重力方向相反，则由浮力产生的势能可表示如下：

$$\Psi_b^f = \Psi_b^i + \int_{\Omega^i} \rho_w A^i g(-l_t U_1 - l_n U_2)\,\mathrm{d}\Omega^i \tag{3-23}$$

式中，Ψ_b^i 表示在平衡位置 χ^i 时浮力产生的势能；ρ_w 表示水的密度，其他各量的意义与前述公式相同。

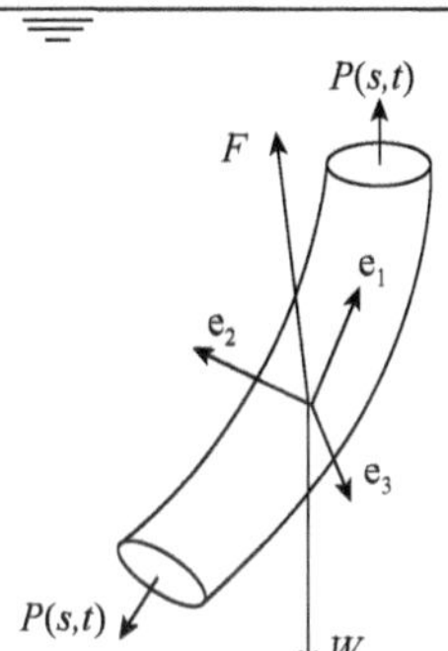

图 3-9　水中吊缆受力示意图

吊缆在瞬态构型 χ^f 的动能可表示为：

$$\Psi_k^f = \frac{1}{2}\int_0^{L^i} \rho A^i (V^f \cdot V^f)\,\mathrm{d}s^i \tag{3-24}$$

式中，V^f 为动态缆绳构型上质点的绝对速度，其表达式为：

$$V^f = \frac{\mathrm{d}R(s^i, t)}{\mathrm{d}t} = R_{1,t}(s,t)\,e_1 + R_{2,t}(s,t)\,e_2 + R_{3,t}(s,t)\,e_3 \tag{3-25}$$

作用于吊缆上的外力 F 所做得功可表示为：

$$\Psi_f^f \int_{\Omega^i} F \cdot U\mathrm{d}\Omega^i = \int_{\Omega^i} (F_1 R_1 + F_2 R_2 + F_3 R_3)\,\mathrm{d}\Omega^i \tag{3-26}$$

式中，外力 F 可沿位移方向分为三个方向的分量 F_1、F_2 和 F_3。

根据 Hamilton 原理，有：

$$\delta\int_{t_1}^{t_2} (\Psi_k^f - \Psi_s^f - \Psi_g^f + \Psi_b^f + \Psi_f^f)\,\mathrm{d}t = 0 \tag{3-27}$$

将表达式(3-19)、式(3-22)、式(3-23)、式(3-24)、式(3-25)、式(3-26)代入式(3-27)，可得三个方向吊缆三维非线性运动方程。

切向运动方程：

$$\begin{aligned} -\rho A^i R_{1,tt} = {} & [(P^i + EA^i\varepsilon)(1 + R_{1,s} - \kappa^i R_2)]_{,s} \cdot [(P^i + EA^i\varepsilon)(1 + R_{1,s} - \kappa^i R_2)] - \\ & \kappa^i (P^i + EA^i\varepsilon)(R_{2,s} - \kappa^i R_1) - (\rho - \rho_w) A^i g l_t + F_1 \end{aligned} \tag{3-28}$$

法向运动方程：

$$\begin{aligned} -\rho A^i R_{2,tt} = {} & [(P^i + EA^i\varepsilon)(U_{2,s} - \kappa^i R_1)]_{,s} - \\ & \kappa^i (P^i + EA^i\varepsilon)(1 + R_{1,s} - \kappa^i R_2) - (\rho - \rho_w) A^i g l_n + F_2 \end{aligned} \tag{3-29}$$

副法向运动方程：

$$-\rho A^i U_{3,tt} = [(P^i + EA^i\varepsilon) U_{3,s}]_{,s} + F_3 \tag{3-30}$$

由以上推导得到的方程可以看出，每个方程都包含吊缆受力平衡状态时的张力 P 和曲率 κ 两个未知量。由于张力是对吊缆的非线性运动有重要影响，同时曲率与吊缆构型直接相关，与吊缆总体受力及运动密切相关，故需对这两个量在吊缆处于平衡状态时进行分析[93]。探讨吊缆在平衡状态时的构型，忽略位移和外力的作用，认为吊缆的平衡状态是瞬时的，可以令所有与时间相关的参数均为零，则由上述方程可得到计算吊缆平衡状态的张力和曲率的方程为：

$$P^i_{,s} = (\rho - \rho_w) A^i g l_\tau \tag{3-31}$$

$$P^i \kappa^i = (\rho - \rho_w) A^i g l_n \tag{3-32}$$

以上两个方程给出了吊缆的平衡构型，当计及流场对吊缆的影响时（即 $\rho_w \neq 0$），方程考虑了浮力的作用，表示的是水中吊缆的平衡构型。引入 ϕ^i，表示 $\vec{\tau}$ 与竖直方向的夹角，则曲率与方向余弦可分别表示为：

$$\kappa^i = \phi^i_{,s} \tag{3-33}$$

$$l_\tau = \sin\phi^i \tag{3-34}$$

$$l_n = \cos\phi^i \tag{3-35}$$

对式(3-31)、式(3-32)进行积分变换，将式(3-33)、式(3-34)、式(3-35)代入，可得吊缆的张力和曲率的表达式：

$$P^i = \frac{P_0}{\cos\phi^i} = \sqrt{P_0^2 + [(\rho - \rho_w) A^i g s^i]^2} \tag{3-36}$$

$$\kappa^i = \left[\frac{(\rho - \rho_w) A^i g}{P_0}\right] \cos^2\phi^i = \frac{(\rho - \rho_w) A^i g P_0}{P_0^2 + [(\rho - \rho_w) A^i g s^i]^2} \tag{3-37}$$

式中，P_0 为吊缆的水平张力。

以上两个方程适用于松弛状态的吊缆。

由以上两式可知，吊缆的张力和曲率与弧长坐标 s 为非线性关系，方程得不到解析解，为便于计算并同时考虑吊缆的非线性，对两个方程进行泰勒级数展开到四阶，可得：

$$\begin{aligned} P(s,t) &= \sqrt{P_0^2(s,t) + (\rho A g s)^2} \\ &= P_0(s,t)\sqrt{1 + \left(\frac{\rho A g s}{P_0}\right)^2} \\ &= P_0(s,t)\left[1 + \frac{1}{2}\left(\frac{\rho A g s}{P_0}\right)^2\right] + o\left(\frac{\rho A g s}{P_0}\right)^4 \end{aligned} \tag{3-38}$$

$$\begin{aligned} \kappa(s,t) &= \frac{\rho A g P_0(s,t)}{P_0^2(s,t) + (\rho A g s)^2} = \frac{\rho A g}{P_0} \frac{1}{1 + \left(\frac{\rho A g}{P_0} s\right)^2} \\ &= \frac{\rho A g}{P_0}\left[1 - \left(\frac{\rho A g}{P_0} s\right)^2\right] + o\left[\left(\frac{\rho A g}{P_0} s\right)^4\right] \end{aligned} \tag{3-39}$$

为表达方便,令 $\lambda = P_0/\rho Ag$,表示水平张力与吊缆单位长度重力的比值,其量纲为 $1/m$。当 $s = L$时,$\frac{p_0}{\rho AgL}$表示水平张力与吊缆自重的比值。引入 λ 的意义在于,当忽略水平张力或者说吊缆内的水平张力较小时,$\frac{p_0}{\rho AgL}$能够保持为小量,则无论吊缆处于松弛或张紧状态,式(3-38)和式(3-39)都能保持级数的收敛。

忽略四阶及四阶以上的小量,重新将式(3-38)、式(3-39)写出,可得:

$$P(s,t) = \rho Ag\left(1 + \frac{1}{2}\lambda^2 s^2\right) \tag{3-40}$$

$$\kappa(s,t) = \lambda(1 - \lambda^2 s^2) \tag{3-41}$$

由式(3-40)、式(3-41)可以看出,λ 是影响吊缆张力与曲率(构型)的重要因素之一,其大小反映了吊缆的构型及松紧状态[94]。当 λ 较大时,式中的高阶项不可忽略,表示的是吊缆处于松弛状态,反之则为张紧状态。

3.6　本章小结

根据深水吊缆为完全挠性构件这一特性,建立了吊缆的静力学模型,与文献中的缆张力计算结果相比较,验证了模型的正确性,并分析了 Dyneema 缆在不同吊载时缆张力随缆长的变化情况,计算结果显示缆张力与缆绳长度仍然保持线性关系,但是在大吊载短缆长的状态下出现了“拐点”,吊载对缆张力的影响较大。通过计算不同吊载、不同缆长时弹性模量的变化,进一步研究缆张力对弹性模量的影响。接着考虑到吊缆运动过程中的松弛和张紧状态,以弹性波理论为基础,从能量的角度出发,根据 Hamilton 原理建立了吊缆的动态模型,推导出吊缆在法向、切向和副法向三个方向的三维非线性运动方程,并对方程中影响吊缆运动特性的平衡张力和曲率两个参数进行分析,通过泰勒展开得到各自的非线性表达,为后续吊缆非线性运动响应的研究奠定了基础。

第 4 章　深水吊缆非线性运动响应分析

4.1　概　　述

深水吊缆采用 Dyneema 材料，其力学性能与其他材料有极大的不同，使得吊缆的力学性能和运动特性呈现较强的非线性，主要体现在以下四个方面[95-97]。

1）材料非线性

缆索系统中钢缆通常认为是线弹性的，即其弹性模量为一常数，但聚酯纤维缆则不同。由于聚酯纤维材料的黏弹特性，使得聚酯纤维缆即具有固体变形的弹性性质，又同时具有流体的黏性性质，由于大变形的产生，材料的应力应变关系已经超出线性范围，进入非线性区域。

2）几何非线性

由于深水吊缆是只受轴向力而不承受剪切力和弯矩的弹性体，在外部载荷的作用下会产生较大的变形，其变化的形态曲线可以用位置向量 $\vec{r}(s,t)$ 定义，其中 s,t 分别表示空间变量和时间变量。特定时刻特定位置处缆索参考点的曲率可表示为：

$$k = \frac{|\vec{r}''|}{(1 + \vec{r}'^2)^{3/2}} \tag{4-1}$$

式(4-1)体现了缆索的几何非线性。

3）载荷非线性

海洋工程中作用在缆索上的外部载荷主要是波流载荷，由于波流载荷的随机性和复杂特性使得缆索的受力呈现非线性。主要体现在以下两个方面：一方面是入射波的非线性。在对缆索的入射波进行研究时，为了体现缆索工作环境的复杂性，通常采用非线性波作为入射波的参考，其本质为非线性自由面条件作摄动展开后保留前几阶项，故波浪力为非线性；另一方面体现在波流拖曳力的非线性。对波流力的研究通常采用 Morison 公式，式中的速度平方项即为典型的非线性形式。

4）边界条件的非线性

对于深水吊装缆索来说，由于一端铰接于工作母船上，一端自由。工作母船在风浪等载荷作用下的运动响应幅值是随机的，自由端的运动也是随时变化的，因此在求解缆索运动的过程中，工作母船与自由端运动随机性的耦合使得边界条件呈现较强的非线性。

假设吊缆为线弹性本构关系，推导吊缆的非线性运动方程，根据弹性波传播的特点对方程进行简化，分析吊缆中张力与位移的非线性传播特征，得到吊缆及吊载的运动特性。

4.2　深水吊缆非线性运动方程的简化

根据第 3 章推导得到的吊缆平衡状态时的三维运动方程，重新写出运动方程为：

$$-\rho A^{i}R_{1,tt}=[(P+EA\varepsilon)(1+R_{1,s}-\kappa R_{2})]_{,s}-\kappa(P+EA\varepsilon)(R_{2,s}-\kappa R_{1})+F_{1} \quad (4\text{-}2)$$

$$-\rho AR_{2,tt}=[(P+EA\varepsilon)(R_{2,s}-\kappa R_{1})]_{,s}-\kappa(P+EA\varepsilon)(1+R_{1,s}-\kappa R_{2})+F_{2} \quad (4\text{-}3)$$

$$-\rho AR_{3,tt}=[(P+EA\varepsilon)R_{3,s}]_{,s}+F_{3} \quad (4\text{-}4)$$

式中，F_1、F_2、F_3 表示三个方向的外力；$P(s,t)$ 和 $\kappa(s,t)$ 分别表示吊缆的张力和曲率；ε 为动态应变，其表达式为：

$$\varepsilon=R_{1,s}-\kappa R_{2}+\frac{1}{2}[(R_{1,s}-\kappa R_{2})^{2}+(R_{2,s}+\kappa R_{1})^{2}+R_{3,s}^{2}] \quad (4\text{-}5)$$

假设吊缆的本构关系为线性的，并仅考虑面内运动，忽略与副法向有关的项，则动态应变可表示为：

$$\varepsilon=R_{1,s}-\kappa R_{2} \quad (4\text{-}6)$$

将 $P(s,t)$、$\kappa(s,t)$ 和 ε 代入方程(4-2)和方程(4-3)，仅考虑面内运动，可以得出吊缆非线性运动方程为：

$$\begin{aligned}&-\rho AR_{1,tt}+F_{1}+(-2\rho Ag-EA\lambda+EA\lambda^{3}s^{2}+\rho Ag\lambda^{2}s^{2}+\rho Ag\lambda^{4}s^{4})R_{2,s}+\\&\left(P_{0}+EA+\frac{\rho Ag}{2}\lambda s^{2}\right)R_{1,ss}+\rho Ag\lambda sR_{1,s}+\rho Ag\lambda s+\\&(2EA\lambda^{3}s+2\rho Ag\lambda^{4}s^{3}+\rho Ag\lambda^{2}s)R_{2}+\left(\frac{3}{2}\rho Ag\lambda^{3}s^{2}-\frac{\rho Ag}{2}\lambda^{7}s^{6}-\rho Ag\lambda\right)R_{1}+\\&(-4EA\lambda^{4}s+4EA\lambda^{6}s^{3})R_{2}^{2}+(-3EA\lambda+3EA\lambda^{3}s^{2})R_{2,s}R_{1,s}+\\&(3EA\lambda^{3}-6EA\lambda^{4}s^{2}+3EA\lambda^{6}s^{4})R_{2,s}R_{2}+(2EA\lambda^{4}s^{2}-EA\lambda^{6}s^{4}-EA\lambda^{2})R_{1,s}R_{1}+\\&(EA\lambda^{3}-EA\lambda^{9}s^{6}-3EA\lambda^{5}s^{2}+3EA\lambda^{7}s^{4})R_{2}R_{1}+\\&2EAR_{1,ss}R_{1,s}+4EA\lambda^{3}sR_{1,s}R_{2}-2EA\lambda R_{2}R_{1,ss}+2EA\lambda^{3}s^{2}R_{2}R_{1,ss}=0\end{aligned} \quad (4\text{-}7)$$

$$\begin{aligned}&-\rho AR_{2,tt}+F_{2}+\left(P_{0}+\frac{\rho Ag}{2}\lambda s^{2}\right)R_{2,ss}+\left(\rho Ag-\frac{\rho Ag}{2}\lambda^{4}s^{4}-\frac{\rho Ag}{2}\lambda^{2}s^{2}\right)-\\&(\rho Ag\lambda^{2}s+2\rho Ag\lambda^{4}s^{3})R_{1}+\rho Ag\lambda sR_{2,s}+\\&(2\rho Ag-\rho Ag\lambda^{2}s^{2}-\rho Ag\lambda^{4}s^{4}-EA\lambda^{3}s^{2}+EA\lambda)R_{1,s}+\\&\left(-EA\lambda^{2}-EA\lambda^{6}s^{4}-\rho Ag\lambda+2EA\lambda^{4}s^{2}+\frac{3}{2}\rho Ag\lambda^{3}s^{2}-\frac{\rho Ag}{2}\lambda^{7}s^{6}\right)R_{2}+\\&(EA\lambda^{3}-EA\lambda^{9}s^{6}-3EA\lambda^{5}s^{2}+3EA\lambda^{7}s^{4})R_{2}^{2}+(-EA\lambda+EA\lambda^{3}s^{2})(R_{2,s})^{2}+\\&(EA\lambda-EA\lambda^{3}s^{2})U_{1}U_{1,s}+(EA\lambda^{3}s^{2}-EA\lambda)R_{2}R_{2,ss}+\\&2EA\lambda^{3}sR_{2}R_{2,s}+EAR_{1,ss}R_{2,s}+EAR_{2,ss}R_{1,s}+(4EA\lambda^{4}s-4EA\lambda^{6}s^{3})R_{1}R_{2}+\\&(2EA\lambda^{4}s^{2}-EA\lambda^{2}-EA\lambda^{6}s^{4})R_{1}R_{2,s}-2EA\lambda^{3}sR_{1}R_{1,s}+\\&(2EA\lambda-2EA\lambda^{3}s^{2})(R_{1,s})^{2}+(-3EA\lambda^{2}+6EA\lambda^{4}s^{2}-3EA\lambda^{6}s^{4})R_{2}R_{1,s}=0\end{aligned} \quad (4\text{-}8)$$

将方程(4-7)和方程(4-8)整理后,重新写出:

$$
\begin{aligned}
&-R_{1,tt}+\frac{F_1}{\rho A}+\left(-2g-\frac{E}{\rho}\lambda+\frac{E}{\rho}\lambda^3s^2+g\lambda^2s^2+g\lambda^4s^4\right)R_{2,s}+\\
&\left(\frac{P_0}{\rho A}+\frac{E}{\rho}+\frac{g}{2}\lambda s^2\right)R_{1,ss}+g\lambda sR_{1,s}+g\lambda s+\\
&\left(2\frac{E}{\rho}\lambda^3s+2g\lambda^4s^3+g\lambda^2s\right)R_2+\left(\frac{3}{2}g\lambda^3s^2-\frac{g}{2}\lambda^7s^6-g\lambda\right)R_1+\\
&4(-\lambda^4s+\lambda^6s^3)\frac{E}{\rho}R_2^2+3(-\lambda+\lambda^3s^2)\frac{E}{\rho}R_{2,s}R_{1,s}+\\
&3(\lambda^2-2\lambda^4s^2+\lambda^6s^4)\frac{E}{\rho}R_{2,s}R_2+(2\lambda^4s^2-\lambda^6s^4-\lambda^2)\frac{E}{\rho}R_{1,s}R_1+\\
&(\lambda^3-\lambda^9s^6-3\lambda^5s^2+3\lambda^7s^4)\frac{E}{\rho}R_2R_1+\\
&2(R_{1,ss}R_{1,s}+2\lambda^3sR_{1,s}R_2-\lambda R_2R_{1,ss}+\lambda^3s^2R_2R_{1,ss})\frac{E}{\rho}=0
\end{aligned}
\tag{4-9}
$$

$$
\begin{aligned}
&-R_{2,tt}+\frac{F_2}{\rho A}+\left(\frac{P_0}{\rho A}+\frac{g}{2}\lambda s^2\right)R_{2,ss}-(g\lambda^2s+2g\lambda^4s^3)R_1+g\lambda sR_{2,s}+\\
&\left(2g-g\lambda^2s^2-g\lambda^4s^4-\frac{E}{\rho}\lambda^3s^2+\frac{E}{\rho}\lambda\right)R_{1,s}+\left(g-\frac{g}{2}\lambda^4s^4-\frac{g}{2}\lambda^2s^2\right)+\\
&\left(-\frac{E}{\rho}\lambda^2-\frac{E}{\rho}\lambda^6s^4-g\lambda+2\frac{E}{\rho}\lambda^4s^2+\frac{3}{2}g\lambda^3s^2-\frac{g}{2}\lambda^7s^6\right)R_2+\\
&\frac{E}{\rho}(\lambda^3-\lambda^9s^6-3\lambda^5s^2+3\lambda^7s^4)R_2^2+\frac{E}{\rho}(-\lambda+\lambda^3s^2)(R_{2,s})^2+\\
&(\lambda-\lambda^3s^2)\frac{E}{\rho}R_1R_{1,ss}+(\lambda^3s^2-\lambda)\frac{E}{\rho}R_2R_{2,ss}+\\
&(2\lambda^3sR_2R_{2,s}+R_{1,ss}R_{2,s}+R_{2,ss}R_{1,s})\frac{E}{\rho}+4\frac{E}{\rho}(\lambda^4s-\lambda^6s^3)R_1R_2+\\
&(2\lambda^4s^2-\lambda^2-\lambda^6s^4)\frac{E}{\rho}R_1R_{2,s}-2\frac{E}{\rho}\lambda^3sR_1R_{1,s}+2\frac{E}{\rho}(\lambda-\lambda^3s^2)(R_{1,s})^2+\\
&3\frac{E}{\rho}(-\lambda^2+2\lambda^4s^2-\lambda^6s^4)R_2R_{1,s}=0
\end{aligned}
\tag{4-10}
$$

由前述分析可以知道,对于参数 λ,吊缆平衡状态时的张力和曲率的表达式忽略了其四阶及四阶以上的项,因此,将方程(4-9)和方程(4-10)中参数 λ 的四阶及四阶以上的项舍去,化简后得到:

$$-R_{1,tt}+\frac{F_1}{\rho A}+\left(-2g-\frac{E}{\rho}\lambda+\frac{E}{\rho}\lambda^3s^2+g\lambda^2s^2\right)U_{2,s}+\left(\frac{P_0}{\rho A}+\frac{E}{\rho}+\frac{g}{2}\lambda s^2\right)R_{1,ss}+$$
$$g\lambda sR_{1,s}+g\lambda s+\left(2\frac{E}{\rho}\lambda^3s+g\lambda^2s\right)R_2+\left(\frac{3}{2}g\lambda^3s^2-g\lambda\right)R_1+$$
$$3(-\lambda+\lambda^3s^2)\frac{E}{\rho}R_{2,s}R_{1,s}+3\frac{E}{\rho}\lambda^2R_{2,s}R_2-\frac{E}{\rho}\lambda^2R_{1,s}R_1+\frac{E}{\rho}\lambda^3R_2R_1+$$
$$2(R_{1,ss}R_{1,s}+2\lambda^3sR_{1,s}R_2-\lambda R_2R_{1,ss}+\lambda^3s^2R_2R_{1,ss})\frac{E}{\rho}=0 \tag{4-11}$$

$$-R_{2,tt}+\frac{F_2}{\rho A}+\left(\frac{P_0}{\rho A}+\frac{g}{2}\lambda s^2\right)R_{2,ss}-g\lambda^2sR_1+g\lambda sR_{2,s}+\left(g-\frac{g}{2}\lambda^2s^2\right)+$$
$$\left(2g-g\lambda^2s^2-\frac{E}{\rho}\lambda^3s^2+\frac{E}{\rho}\lambda\right)R_{1,s}+\left(-\frac{E}{\rho}\lambda^2-g\lambda+\frac{3}{2}g\lambda^3s^2\right)R_2+$$
$$\frac{E}{\rho}\lambda^3R_2^2+\frac{E}{\rho}(-\lambda+\lambda^3s^2)(R_{2,s})^2+(\lambda-\lambda^3s^2)\frac{E}{\rho}R_1R_{1,ss}+$$
$$(\lambda^3s^2-\lambda)\frac{E}{\rho}R_2R_{2,ss}+(2\lambda^3sR_2R_{2,s}+R_{1,ss}R_{2,s}+R_{2,ss}R_{1,s})\frac{E}{\rho}-$$
$$\frac{E}{\rho}\lambda^2R_1R_{2,s}-2\frac{E}{\rho}\lambda^3sR_1R_{1,s}+2\frac{E}{\rho}(\lambda-\lambda^3s^2)(R_{1,s})^2-3\frac{E}{\rho}\lambda^2R_2R_{1,s}=0 \tag{4-12}$$

将方程(4-11)和方程(4-12)中的非线性项进行合并,可以得出:

$$-R_{1,tt}+\frac{F_1}{\rho A}+\left(-2g-\frac{E}{\rho}\lambda+\frac{E}{\rho}\lambda^3s^2+g\lambda^2s^2\right)R_{2,s}+$$
$$\left(\frac{P_0}{\rho A}+\frac{E}{\rho}+\frac{g}{2}\lambda s^2+2\frac{E}{\rho}R_{1,s}+2\frac{E}{\rho}\lambda^3s^2R_2-2\frac{E}{\rho}\lambda R_2\right)R_{1,ss}+$$
$$\left[g\lambda s+3\frac{E}{\rho}(\lambda^3s^2-\lambda)R_{2,s}+4\frac{E}{\rho}\lambda^3sR_2\right]R_{1,s}+g\lambda s+$$
$$\left(2\frac{E}{\rho}\lambda^3s+g\lambda^2s+3\frac{E}{\rho}\lambda^2R_{2,s}\right)R_2+$$
$$\left(\frac{3}{2}g\lambda^3s^2-g\lambda-\frac{E}{\rho}\lambda^2R_{1,s}+\frac{E}{\rho}\lambda^3R_2\right)R_1=0 \tag{4-13}$$

$$-R_{2,tt}+\frac{F_2}{\rho A}+\left[\frac{P_0}{\rho A}+\frac{g}{2}\lambda s^2+(\lambda^3s^2-\lambda)\frac{E}{\rho}R_2+\frac{E}{\rho}R_{1,s}\right]R_{2,ss}-g\lambda^2sR_1+$$
$$\left(g\lambda s+\frac{E}{\rho}R_{1,ss}-\frac{E}{\rho}\lambda^2R_1\right)R_{2,s}+\left(g-\frac{g}{2}\lambda^2s^2\right)+\left(2g-g\lambda^2s^2-\frac{E}{\rho}\lambda^3s^2+\frac{E}{\rho}\lambda\right)R_{1,s}+$$
$$\left(-\frac{E}{\rho}\lambda^2-g\lambda+\frac{3}{2}g\lambda^3s^2+2\frac{E}{\rho}\lambda^3sR_{2,s}-3\frac{E}{\rho}\lambda^2R_{1,s}\right)R_2+\frac{E}{\rho}\lambda^3R_2^2+$$
$$\frac{E}{\rho}(-\lambda+\lambda^3s^2)(R_{2,s})^2+(\lambda-\lambda^3s^2)\frac{E}{\rho}R_1R_{1,ss}-2\frac{E}{\rho}\lambda^3sR_1R_{1,s}+$$
$$2\frac{E}{\rho}(\lambda-\lambda^3s^2)(R_{1,s})^2=0 \tag{4-14}$$

方程(4-13)和方程(4-14)非常复杂,其包含的多个非线性项使得求解变得异常困难,不能得到解析解。故需对上述两方程进行进一步简化。通过观察方程的特点,结合弹性波的基本方程有:

$$\frac{\partial^2 u}{\partial t^2}-C^2\frac{\partial^2 u}{\partial X^2}=0 \tag{4-15}$$

$$\frac{\partial^2 u}{\partial t^2}-\left(C^2-C^2\tau\frac{\partial}{\partial t}\right)\frac{\partial^2 u}{\partial X^2}=0 \tag{4-16}$$

可以看出,影响整个弹性波传播特性的参数是传播速度 C,黏弹性本构关系影响的也是 C,也就是说,对于方程(4-13)和方程(4-14),主要关心的是对弹性波传播速度 C 有贡献的项,其他无关项可以忽略,这样,对方程(4-13)和方程(4-14)继续简化可得:

$$\begin{aligned}&-R_{1,tt}+\frac{F_1}{\rho A}+\left(-2g-\frac{E}{\rho}\lambda+\frac{E}{\rho}\lambda^3s^2+g\lambda^2s^2\right)R_{2,s}+\\&\left(\frac{P_0}{\rho A}+\frac{E}{\rho}+\frac{g}{2}\lambda s^2+2\frac{E}{\rho}R_{1,s}+2\frac{E}{\rho}\lambda^3s^2R_2-2\frac{E}{\rho}\lambda R_2\right)R_{1,ss}+\\&g\lambda sR_{1,s}+g\lambda s+\left(2\frac{E}{\rho}\lambda^3s+g\lambda^2s\right)R_2+\left(\frac{3}{2}g\lambda^3s^2-g\lambda\right)R_1=0\end{aligned} \tag{4-17}$$

$$\begin{aligned}&-R_{2,tt}+\frac{F_2}{\rho A}+\left[\frac{P_0}{\rho A}+\frac{g}{2}\lambda s^2+(\lambda^3s^2-\lambda)\frac{E}{\rho}R_2+\frac{E}{\rho}R_{1,s}\right]R_{2,ss}-g\lambda^2sR_1+\\&g\lambda sR_{2,s}+\left(g-\frac{g}{2}\lambda^2s^2\right)+\left(2g-g\lambda^2s^2-\frac{E}{\rho}\lambda^3s^2+\frac{E}{\rho}\lambda\right)R_{1,s}+\\&\left(-\frac{E}{\rho}\lambda^2-g\lambda+\frac{3}{2}g\lambda^3s^2\right)R_2=0\end{aligned} \tag{4-18}$$

令 $C_1{}^2=a_1+a_2U_{1,s}+a_3U_2$,$C_2{}^2=b_1+b_2U_{1,s}+b_3U_2$,分别表示非线性弹性波切向和法向的传播速度,各系数为:

$$a_1=\frac{P_0}{\rho A}+\frac{E}{\rho}+\frac{g}{2}\lambda s^2,a_2=2\frac{E}{\rho},a_3=2\frac{E}{\rho}(\lambda^3s^2-\lambda)$$

$$b_1=\frac{P_0}{\rho A}+\frac{g}{2}\lambda s^2,b_2=\frac{E}{\rho},b_3=(\lambda^3s^2-\lambda)\frac{E}{\rho}$$

这样,就得到了深水吊缆非线性平面运动微分方程(4-17)和方程(4-18)。可以看出,非线性弹性波的传播速度是与位置坐标 s、水平张力与吊缆重量比值 λ 等参数相关的函数。

4.3 深水吊缆非线性运动响应数值求解方法

4.3.1 数值求解的有限差分法

通过前述分析可知,求解非线性运动微分方程(4-17)和方程(4-18)时可将其看作非线性双曲型偏微分方程,求解线性偏微分方程的方法已经很成熟,但对于非线性特别是特殊的非线性偏微分方程的求解,需要寻找新的方法和途径。前述对计算方法的分析可以看出,采用有限差分法求解方程(4-17)和方程(4-18)是更为有效的,但由于通用的差分格式无法适应非线性较高的方程,因此需要推导更为适用的差分格式[98-101]。

4.3.2 差分格式的推导

采用有限差分法求解偏微分方程的实质是把连续问题离散化,转化成有限形式的线性方程组进行求解,主要求解步骤包括[102]:

(1)对求解域进行网格划分,用网格交点的数值代替连续函数;

(2)构造适当的差分格式,将微分方程离散化,导出线性方程组;

(3)对离散点上的近似值进行插值逼近,得到求解域的近似解。

对已建立的方程(4-17)和方程(4-18),首先构造合适的差分格式对偏微分项进行离散逼近。引入变量 $u(x_{i+1})$,对其进行泰勒展开,可得:

$$
\begin{aligned}
u(x_{i+1}) &= u(x_i) + [\mathrm{d}u(x_i)/\mathrm{d}x](x_{i+1}-x_i) + (1/2!)[\mathrm{d}^2u(x_i)/\mathrm{d}x^2](x_{i+1}-x_i)^2 + \cdots \\
&= u(x_i) + [\mathrm{d}u(x_i)/\mathrm{d}x]\Delta x + (1/2!)[\mathrm{d}^2u(x_i)/\mathrm{d}x^2]\Delta x^2 + \cdots
\end{aligned}
\tag{4-19}
$$

根据不同的方程和求解精度即可选取不同的点 x_i 和阶数。相关研究结果表明[103],若采用三点二阶的差分格式在求解方程过程中精度有限,采用五点四阶的差分格式时其计算精度要好得多。

首先构造一阶偏导数的四阶格式,找出 5 个点分别为 x_{i-2}、x_{i-1}、x_i、x_{i+1}、x_{i+2},然后可以写出除 x_i 点外其他 4 个点对应变量的泰勒级数为:

$$u(x_{i-2}) = u(x_i) + [\mathrm{d}u(x_i)/\mathrm{d}x](-2\Delta x) + (1/2!)[\mathrm{d}u^2(x_i)/\mathrm{d}x^2](-2\Delta x)^2 + \cdots \tag{4-20}$$

$$u(x_{i-1}) = u(x_i) + [\mathrm{d}u(x_i)/\mathrm{d}x](-\Delta x) + (1/2!)[\mathrm{d}u^2(x_i)/\mathrm{d}x^2](-\Delta x)^2 + \cdots \tag{4-21}$$

$$u(x_{i+1}) = u(x_i) + [\mathrm{d}u(x_i)/\mathrm{d}x](\Delta x) + (1/2!)[\mathrm{d}u^2(x_i)/\mathrm{d}x^2](\Delta x)^2 + \cdots \tag{4-22}$$

$$u(x_{i+2}) = u(x_i) + [\mathrm{d}u(x_i)/\mathrm{d}x](2\Delta x) + (1/2!)[\mathrm{d}u^2(x_i)/\mathrm{d}x^2](2\Delta x)^2 + \cdots \tag{4-23}$$

对式(4-20)~式(4-23)进行改造,分别乘以常数 a、b、c、d,可得:

$$au(x_{i-2}) = au(x_i) + a[\mathrm{d}u(x_i)/\mathrm{d}x](-2\Delta x) + a(1/2!)[\mathrm{d}u^2(x_i)/\mathrm{d}x^2](-2\Delta x)^2 + \cdots \tag{4-24}$$

$$bu(x_{i-1}) = bu(x_i) + b[\mathrm{d}u(x_i)/\mathrm{d}x](-\Delta x) + b(1/2!)[\mathrm{d}u^2(x_i)/\mathrm{d}x^2](-\Delta x)^2 + \cdots \tag{4-25}$$

$$cu(x_{i+1}) = cu(x_i) + c[\mathrm{d}u(x_i)/\mathrm{d}x](\Delta x) + c(1/2!)[\mathrm{d}u^2(x_i)/\mathrm{d}x^2](\Delta x)^2 + \cdots \tag{4-26}$$

$$du(x_{i+2}) = du(x_i) + d[\mathrm{d}u(x_i)/\mathrm{d}x](2\Delta x) + d(1/2!)[\mathrm{d}u^2(x_i)/\mathrm{d}x^2](2\Delta x)^2 + \cdots \tag{4-27}$$

对式(4-20)~式(4-23)进行求和,保留一阶导数项 $\mathrm{d}u(x_i)/\mathrm{d}x$,略去其他高阶项,引入求解条件：

$$-2a-b+c+2d=1 \tag{4-28}$$

式(4-28)中的"1"表示确定待定系数 a、b、c、d 4 个值，式(4-20)~式(4-23)叠加后的结果保留一阶导数项。同样的方法，为了消除二阶导数项，令：

$$4a+b+c+4d=0 \tag{4-29}$$

式(4-29)中的"0"表示确定 a、b、c、d 4 个值消除二阶导数项。同理，为了消除三阶和四阶导数项，可得：

$$-8a-b+c+8d=0 \tag{4-30}$$

$$16a+b+c+16d=0 \tag{4-31}$$

这样就得到式(4-28)~式(4-31)4 个用于求解 a、b、c、d 的线性方程，求解后可得 $a=2/4!$，$b=-16/4!$，$c=16/4!$，$d=-2/4!$。于是，将 a、b、c、d 回代到方程(4-24)~方程(4-27)，可以得到一阶导数 $\mathrm{d}u(x_i)/\mathrm{d}x$ 的表达式为：

$$\mathrm{d}u(x_i)/\mathrm{d}x=[1/(4!\ \Delta x)][2u(x_{i-2})-16u(x_{i-1})+0u(x_i)+16u(x_{i+1})-2u(x_{i+2})]+O(\Delta x^4) \tag{4-32}$$

$u(x)$是关于 $u(x_i)$的对称分布。注意到式(4-32)是四阶的中心差分形式，为得到 $\mathrm{d}u(x_1)/\mathrm{d}x$的近似解，可以用 $u(x_2)$、$u(x_3)$、$u(x_4)$、$u(x_5)$的泰勒级数展开形式表示：

$$au(x_2)=au(x_1)+a[\mathrm{d}u(x_1)/\mathrm{d}x](\Delta x)+a(1/2!)[\mathrm{d}u^2(x_1)/\mathrm{d}x^2](\Delta x)^2+\cdots \tag{4-33}$$

$$bu(x_3)=bu(x_1)+b[\mathrm{d}u(x_1)/\mathrm{d}x](2\Delta x)+b(1/2!)[\mathrm{d}u^2(x_1)/\mathrm{d}x^2](2\Delta x)^2+\cdots \tag{4-34}$$

$$cu(x_4)=cu(x_1)+c[\mathrm{d}u(x_1)/\mathrm{d}x](3\Delta x)+c(1/2!)[\mathrm{d}u^2(x_1)/\mathrm{d}x^2](3\Delta x)^2+\cdots \tag{4-35}$$

$$du(x_5)=du(x_1)+d[\mathrm{d}u(x_1)/\mathrm{d}x](4\Delta x)+d(1/2!)[\mathrm{d}u^2(x_1)/\mathrm{d}x^2](4\Delta x)^2+\cdots \tag{4-36}$$

同样，为了得到一阶导数 $\mathrm{d}u(x_1)/\mathrm{d}x$，引入条件：

$$a+2b+3c+4d=1 \tag{4-37}$$

同时消去二阶及二阶以上的高阶项，令：

$$a+4b+9c+16d=0 \tag{4-38}$$

$$a+8b+27c+64d=0 \tag{4-39}$$

$$a+16b+81c+256d=0 \tag{4-40}$$

通过联立方程(4-37)~方程(4-40)求解，可以得到 $a=96/4!$，$b=-72/4!$，$c=32/4!$，$d=-6/4!$，代回方程(4-33)~方程(4-36)，可以得到 $\mathrm{d}u(x_1)/\mathrm{d}x$ 的表达式为：

$$\mathrm{d}u(x_1)/\mathrm{d}x=[1/(4!\ \Delta x)][-50u(x_1)+96u(x_2)-72u(x_3)+32u(x_4)-6u(x_5)]+O(\Delta x^4) \tag{4-41}$$

同样的方法，$\mathrm{d}u(x_2)/\mathrm{d}x$ 的近似解用 $u(x_1)$、$u(x_3)$、$u(x_4)$、$u(x_5)$的泰勒级数形式表示，这

样待定系数方程组为：

$$-a+b+2c+3d=1 \tag{4-42}$$

$$a+b+4c+9d=0 \tag{4-43}$$

$$-a+b+8c+27d=0 \tag{4-44}$$

$$a+b+16c+81d=0 \tag{4-45}$$

于是可以得到 $\mathrm{d}u(x_2)/\mathrm{d}x$ 的表达式为：

$$\mathrm{d}u(x_2)/\mathrm{d}x = [1/(4!\ \Delta x)][-6u(x_1)-20u(x_2)+36u(x_3)-12u(x_4)+2u(x_5)]+O(\Delta x^4) \tag{4-46}$$

则 $\mathrm{d}u(x_{N-1})/\mathrm{d}x$ 和 $\mathrm{d}u(x_N)/\mathrm{d}x$ 的表达式为：

$$\mathrm{d}u(x_{N-1})/\mathrm{d}x = [1/(4!\ \Delta x)][-2u(x_{N-4})+12u(x_{N-3})-36u(x_{N-2})+20u(x_{N-1})+6u(x_N)]+O(\Delta x^4) \tag{4-47}$$

$$\mathrm{d}u(x_N)/\mathrm{d}x = [1/(4!\ \Delta x)][6u(x_{N-4})-32u(x_{N-3})+72u(x_{N-2})-96u(x_{N-1})+50u(x_N)]+O(\Delta x^4) \tag{4-48}$$

这样由方程(4-32)、方程(4-41)、方程(4-46)～方程(4-48)可以得到差分格式的矩阵为：

$$\mathrm{d}\bar{u}/\mathrm{d}x = [1/(4!\ \Delta x)]\begin{bmatrix} -50 & 96 & -72 & 32 & -6 \\ -6 & -20 & 36 & -12 & 2 \\ 2 & -16 & 0 & 16 & -2 \\ -2 & 12 & -36 & 20 & 6 \\ 6 & -32 & 72 & -96 & 50 \end{bmatrix}\bar{u}+O(\Delta x^4) \tag{4-49}$$

继续按照前述方法推导出二阶偏微分的四阶格式，针对式(4-20)～式(4-23)保留二阶导数项，令：

$$4a+b+c+4d=2 \tag{4-50}$$

略去三阶及三阶以上的高阶项，可得系数方程为：

$$-8a-b+c+8d=0 \tag{4-51}$$

$$16a+b+c+16d=0 \tag{4-52}$$

$$-32a-b+c+32d=0 \tag{4-53}$$

求解方程(4-50)～方程(4-53)可得 $a=-2/4!$，$b=32/4!$，$c=32/4!$，$d=-2/4!$，将 4 个系数代回原方程可以得到 $\mathrm{d}u^2(x_i)/\mathrm{d}x^2$ 的表达式为：

$$\mathrm{d}u^2(x_i)/\mathrm{d}x^2 = [1/(4!\ \Delta x^2)][-2u(x_{i-2})+32u(x_{i-1})-60u(x_i)+32u(x_{i+1})-2u(x_{i+2})]+O(\Delta x^4) \tag{4-54}$$

对于 $\mathrm{d}u^2(x_2)/\mathrm{d}x^2$ 的近似表达，可以采用当 $x=x_1, x_3, x_4, x_5, x_6$ 时 $u(x)$ 的线性组合来表示：

$$au(x_1)+bu(x_3)+cu(x_4)+du(x_5)+eu(x_6) \tag{4-55}$$

为了略去 $\mathrm{d}u(x_2)/\mathrm{d}x$，令：

$$-a+b+2c+3d+4e=0 \tag{4-56}$$

同样的，为了略去 $u(x_2)$ 三阶及三阶以上的项，令：

$$-a+b+8c+27d+64e=0 \tag{4-57}$$

$$a+b+16c+81d+256e=0 \tag{4-58}$$

$$-a+b+32c+243d+1024e=0 \tag{4-59}$$

保留 $\mathrm{d}^2u(x_2)/\mathrm{d}x^2$，引入条件：

$$a+b+4c+9d+16e=2 \tag{4-60}$$

求解式(4-56)～式(4-60)可以得出，$a=-2/4!$，$b=32/4!$，$c=32/4!$，$d=-2/4!$，代入原方程，可以得到 $\mathrm{d}u^2(x_2)/\mathrm{d}x^2$ 的表达式为：

$$\mathrm{d}u^2(x_2)/\mathrm{d}x^2=[1/(4!\ \Delta x^2)][20u(x_1)-30u(x_2)-8u(x_3)+28u(x_4)-12u(x_5)+2u(x_6)]+O(\Delta x^4) \tag{4-61}$$

采用同样的方法可以得到 $\mathrm{d}^2u(x_{N-1})/\mathrm{d}x^2$ 的表达式为：

$$\mathrm{d}u^2(x_{N-1})/\mathrm{d}x^2=[1/(4!\ \Delta x)][20u(x_N)-30u(x_{N-1})-8u(x_{N-2})+28u(x_{N-3})-12u(x_{N-4})+2u(x_{N-5})]+O(\Delta x^4) \tag{4-62}$$

最后需求出 $\mathrm{d}^2u(x_1)/\mathrm{d}x^2$ 和 $\mathrm{d}^2u(x_N)/\mathrm{d}x^2$ 的近似表达，由于 $\mathrm{d}^2u(x_1)/\mathrm{d}x^2$ 和 $\mathrm{d}^2u(x_N)/\mathrm{d}x^2$ 包含了边界条件，因此选取当 $x=x_2,x_3,x_4,x_5$ 时 $u(x)$ 与 $\mathrm{d}u(x_1)/\mathrm{d}x$ 的线性组合，即

$$au(x_2)+bu(x_3)+cu(x_4)+du(x_5)+edu(x_1)/dx \tag{4-63}$$

这样，保留 $\mathrm{d}^2u(x_1)/\mathrm{d}x^2$，略去 $\mathrm{d}u(x_1)/\mathrm{d}x$，$\mathrm{d}^3u(x_1)/\mathrm{d}x^3$，$\mathrm{d}^4u(x_1)/\mathrm{d}x^4$ 和 $\mathrm{d}^5u(x_1)/\mathrm{d}x^5$，可得系数的方程为：

$$\begin{cases} a+2b+3c+4d+e=0 \\ a+8b+27c+64d=0 \\ a+16b+81c+256d=0 \\ a+32b+243c+1024d=0 \\ a+4b+9c+16d=2 \end{cases} \tag{4-64}$$

求解方程组(4-64)，得到系数后代入原方程可得 $\mathrm{d}^2u(x_1)/\mathrm{d}x^2$ 的表达式为：

$$\mathrm{d}u^2(x_1)/\mathrm{d}x^2=[1/(4!\ \Delta x^2)]\cdot\{(-415/3)u(x_1)+192u(x_2)-72u(x_3)+(64/3)u(x_4)-3u(x_5)-100[\mathrm{d}u(x_1)/\mathrm{d}x]\Delta x\}+O(\Delta x^4) \tag{4-65}$$

同样的方法可以得到 $\mathrm{d}^2u(x_N)/\mathrm{d}x^2$ 的表达式为：

$$\mathrm{d}u^2(x_N)/\mathrm{d}x^2=[1/(4!\ \Delta x^2)]\cdot\{(-415/3)u(x_N)+192u(x_{N-1})-72u(x_{N-2})+(64/3)u(x_{N-3})-3u(x_{N-4})+100[\mathrm{d}u(x_N)/\mathrm{d}x]\Delta x\}+O(\Delta x^4) \tag{4-66}$$

$$\frac{\mathrm{d}u^2}{\mathrm{d}x^2}=\frac{1}{4!\ \Delta x^2}\begin{bmatrix} -\frac{415}{3} & 192 & -72 & \frac{64}{3} & -3 & 0 \\ 20 & -30 & -8 & 28 & -12 & 2 \\ -2 & 32 & -60 & 32 & -2 & 0 \\ 20 & -30 & -8 & 28 & -12 & 2 \\ -\frac{415}{3} & 192 & -72 & \frac{64}{3} & -3 & 0 \end{bmatrix}u+\begin{bmatrix} 100\frac{\mathrm{d}u}{\mathrm{d}x_1} \\ 0 \\ 0 \\ 0 \\ 100\frac{\mathrm{d}u}{\mathrm{d}x_n} \end{bmatrix}+O(\Delta x^4) \tag{4-67}$$

式(4-49)和式(4-67)即为建立的用于求解偏微分方程(4-17)和方程(4-18)的空间微分

的差分格式，与文献[104]的研究结果相同，求解的相容性和格式的稳定性已经在文献中进行了证明，这里不做赘述。

与时间相关的位移和速度的差分格式采用学者 Mohammad 的研究结果[105]：

$$\begin{cases}(U_1)_j^{i+1} = (U_1)_j^i + (v_1)_j^i\Delta t + \dfrac{1}{2}\Delta t^2 [\beta_1 (a_1)_j^i + \beta_2 (a_1)_j^{i+1}] \\ (U_2)_j^{i+1} = (U_2)_j^i + (v_2)_j^i\Delta t + \dfrac{1}{2}\Delta t^2 [\beta_1 (a_2)_j^i + \beta_2 (a_2)_j^{i+1}] \\ (v_1)_j^{i+1} = (v_1)_j^i + \dfrac{1}{2}\Delta t [\alpha_1 (a_1)_j^i + \alpha_2 (a_1)_j^{i+1}] \\ (v_2)_j^{i+1} = (v_2)_j^i + \dfrac{1}{2}\Delta t [\alpha_1 (a_2)_j^i + \alpha_2 (a_2)_j^{i+1}]\end{cases} \tag{4-68}$$

式中，U、v、a 分别表示位移、速度和加速度；α_1、α_2、β_1、β_2 分别为积分参数，可取 0.5、1.0、0.5、1.0。

式(4-68)中不同节点处法向和切向的加速度与吊缆非线性运动方程(4-17)和方程(4-18)中的外部力 F 之间的关系，可通过定义离散的动力学方程得到：

$$MA^{i+1}+C\,|V^i|\,V^i+KU^i=(F^{excit})^i \tag{4-69}$$

式中，M 为包括附加质量在内的单位长度缆索质量；A 表示加速度；V 表示速度；U 表示位移；F^{excit} 表示外部激励。

4.4　深水吊缆非线性运动响应分析

采用空间差分格式方程(4-49)和方程(4-67)与时间差分格式方程(4-68)求解深水吊缆非线性运动微分方程(4-17)和方程(4-18)，计算得到吊缆中张力及位移的非线性传播特性，分析不同缆绳长度及吊载时吊缆的运动特性。

4.4.1　深水吊缆非线性运动响应计算及验证

选取的计算参数参照文献[88]，见表 4-1。

计 算 参 数　　表 4-1

吊缆计算特征量	符　号	数值及量纲	吊缆计算特征量	符　号	数值及量纲
弹性模量	E	6.0×10^9	吊缆直径	d	0.0327m
吊缆密度	ρ	3.7kg/m^3	水的密度	ρ_w	1025kg/m^3

文献[88]中对用于水下拖曳的升沉补偿系统性能进行了试验研究，应用等效截断试验的方法，采用缩尺比 $\lambda=4$，通过改变吊缆的负载状态模拟 4500m 和 3000m 作业水深，分析吊缆在外部激励周期为 3s、3.5s、4s、4.5s、5s、5.5s、6s、6.5s、7s、7.5s、8s 时缆张力的变化，模型系统如图 4-1 所示。

图 4-1　模型系统试验

采用表 4-1 中的计算参数,通过编程求解方程(4-17)和方程(4-18),分别计算 4500m 和 3000m 时不同外部激励周期时吊缆的最大张力值,与试验值进行对比,一并列于表 4-2 和表 4-3中, 并根据表中数据绘成图 4-2 和图 4-3。

3000m 时不同激励周期时吊缆的缆张力值比较　　表 4-2

外部激励周期 (s)	试验测得最大拉力值 (kgf)	吊缆实际最大缆张力 (N)	本书计算最大缆张力 (N)	误差 (%)
3	252	158054.4	145090	8.202492
3.5	219.9	137921.28	148020	7.32209
4	197	123558.4	114740	7.13703
4.5	186.1	116721.92	109210	6.435741
5	181.2	113648.64	109960	3.245653
6	167.4	104993.28	88720	15.49935
8	150	94080	67193	28.57887

4500m 时不同激励周期时吊缆的缆张力值比较　　表 4-3

外部激励周期 (s)	试验测得最大拉力值 (kgf)	吊缆实际最大缆张力 (N)	本书计算最大缆张力 (N)	误差 (%)
3	362	227046.4	209090	7.908692
3.5	320.3	200892.16	221440	10.22829
4	284	178124.8	161730	9.204109
4.5	274.1	171915.52	163370	4.970767
5	263.8	165455.36	164930	0.317524
5.5	251.4	157678.08	165620	5.036794

续上表

外部激励周期 (s)	试验测得最大拉力值 (kgf)	吊缆实际最大缆张力 (N)	本书计算最大缆张力 (N)	误差 (%)
6	239	149900.8	133360	11.0345
6.5	234.8	147266.56	100100	32.02802
7	227	142374.4	100350	29.51682
7.5	226.1	141809.92	100560	29.08818
8	218.8	137231.36	100770	26.56926

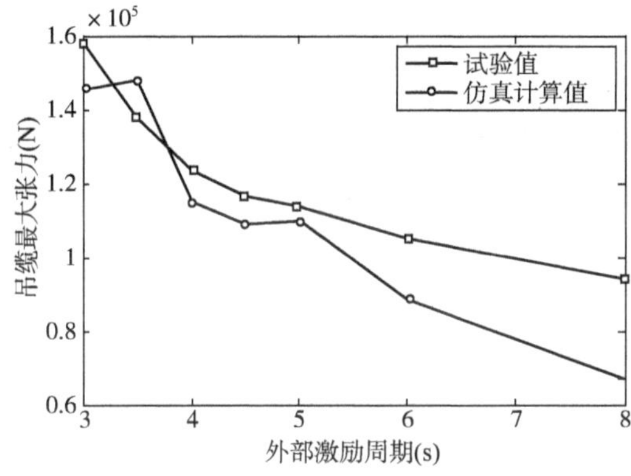

图 4-2　3000m 时不同激励周期时吊缆的缆张力值比较

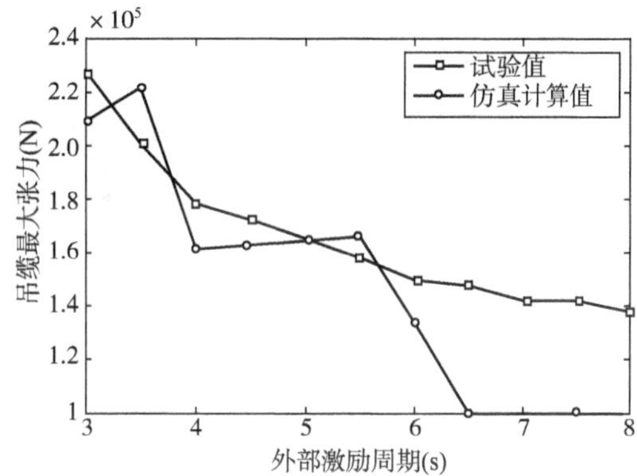

图 4-3　4500m 时不同激励周期时吊缆的缆张力值比较

从计算结果可以看出，无论是 4500m 水深还是 3000m 水深，计算结果与试验值的变化趋势相同，特别是在周期低于 6s 时，误差较小，计算结果与试验值吻合较好。当外部激励周期超过 6s 时，两种水深情况下计算值都比试验值偏小，误差甚至达到 30% 以上。对此问题的解释，首先看到无论是计算结果还是试验值，随着外部激励周期的不断增加，缆张力呈现逐渐减小的趋势，其原因为当外部激励周期较小时，此时的激励频率较高，外部激励可以看作是“突变载荷”，“突变载荷”的作用效果使得吊缆中存在瞬间变化的冲击张力，随着外部激励周期的逐渐增加，此时的激励可以看作是缓慢变化的，外部激励的“突变效应”逐渐减小，缆绳内的冲击张力逐渐减小，在表面看来吊缆的张力也会相应减小。文献中采取等效截断方法进行试验，吊缆的长度为 12m，此时吊缆的张力与变形的关系仍符合胡克定律，呈线性关系。而此处计算考虑了吊缆的非线性效应，随着外部激励周期的逐渐增加，吊缆的非线性程度也逐渐变大，因此吊缆的缆张力计算结果随着外部激励增加而减小的程度势必会增大，这说明是否考虑吊缆的非线性对于缆张力影响的差异还是较大的。由此可以看出，采用本书中的计算方法是准确可靠的，可以作为后续理论分析与仿真计算的有效工具。

4.4.2　深水吊缆非线性运动响应分析

缆张力是影响吊缆几何构型、运动特性及吊载水下位置的重要因素之一，与吊缆的应变成线性关系。为了准确掌握吊缆几何构型的变化程度、吊缆非线性运动的传播过程和吊载在水下的运动情况，需要对不同外部激励周期时吊缆不同位置处的缆张力进行分析，以 4500m 缆长为例，吊缆不同位置处最大缆张力的计算结果如图 4-4 所示，图中 T 表示外部激励的周期，横坐标代表缆绳长度，纵坐标表示仿真时间，垂向坐标表示不同时刻、不同缆长的缆张力的大小。

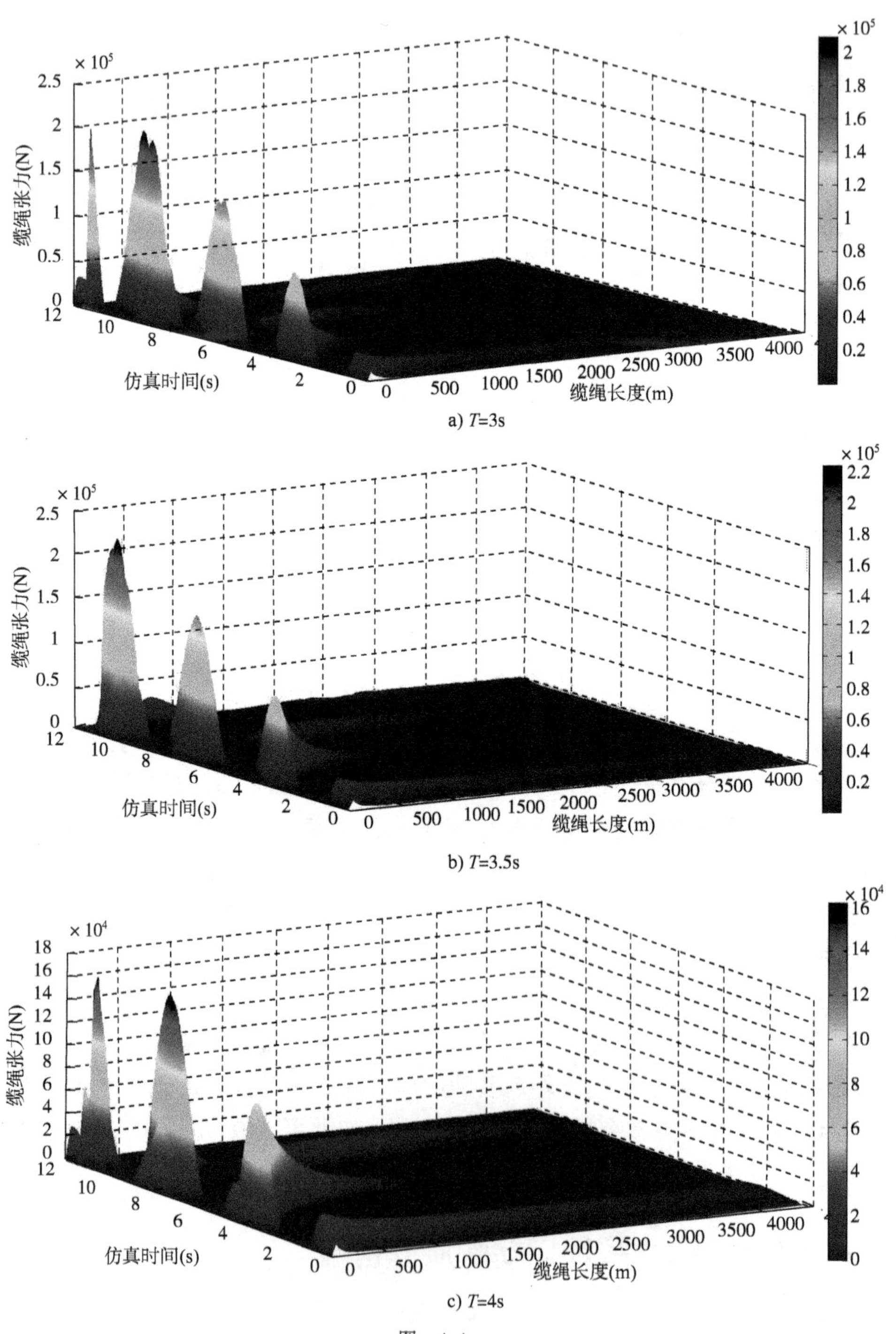

a) T=3s

b) T=3.5s

c) T=4s

图 4-4

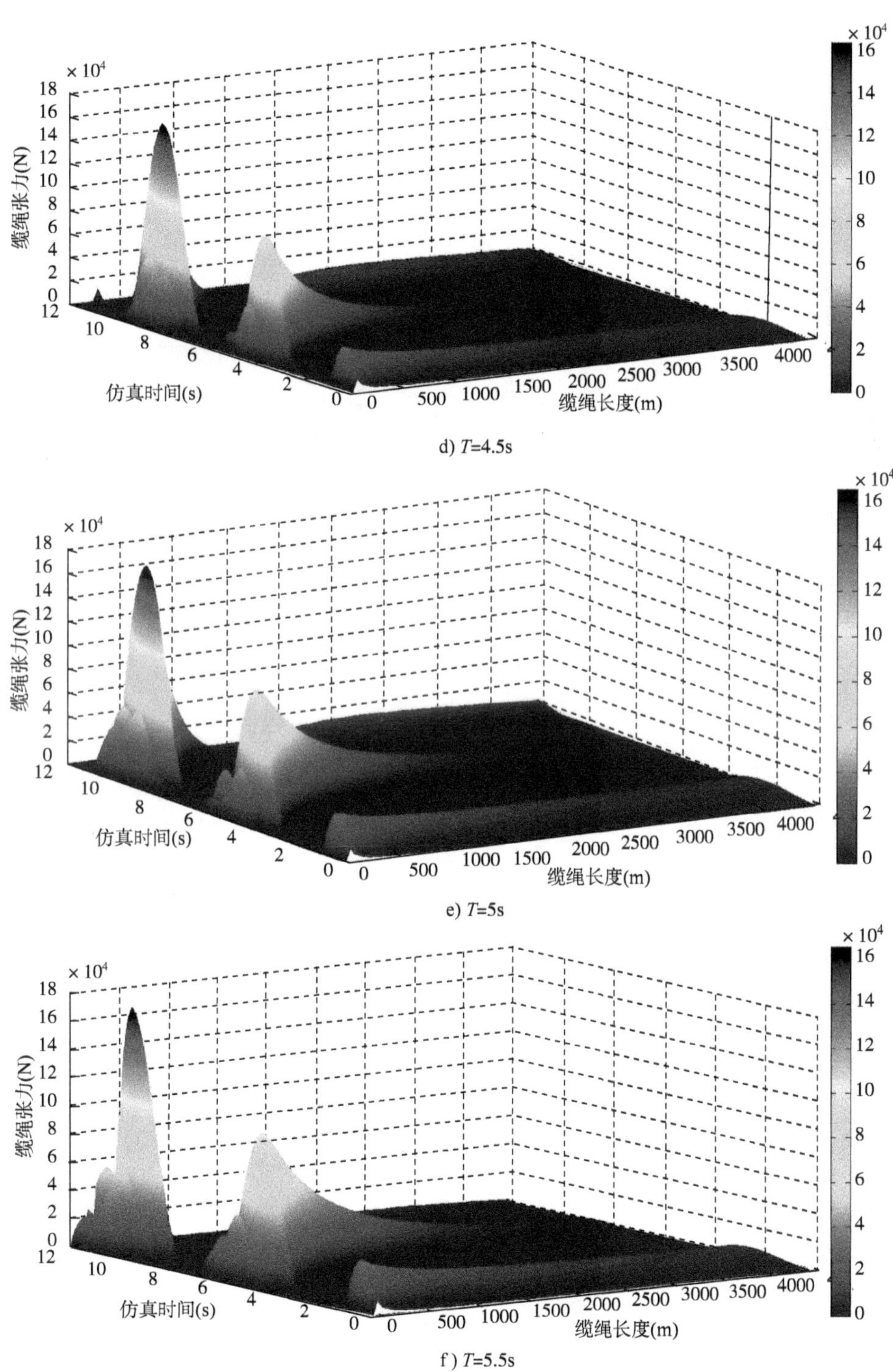

d) T=4.5s

e) T=5s

f) T=5.5s

图　4-4

×10⁴
缆绳张力(N)
仿真时间(s)
缆绳长度(m)
g) T=6s
×10⁴
缆绳张力(N)
仿真时间(s)
缆绳长度(m)
h) T=6.5s
×10⁴
缆绳张力(N)
仿真时间(s)
缆绳长度(m)
i) T=7s

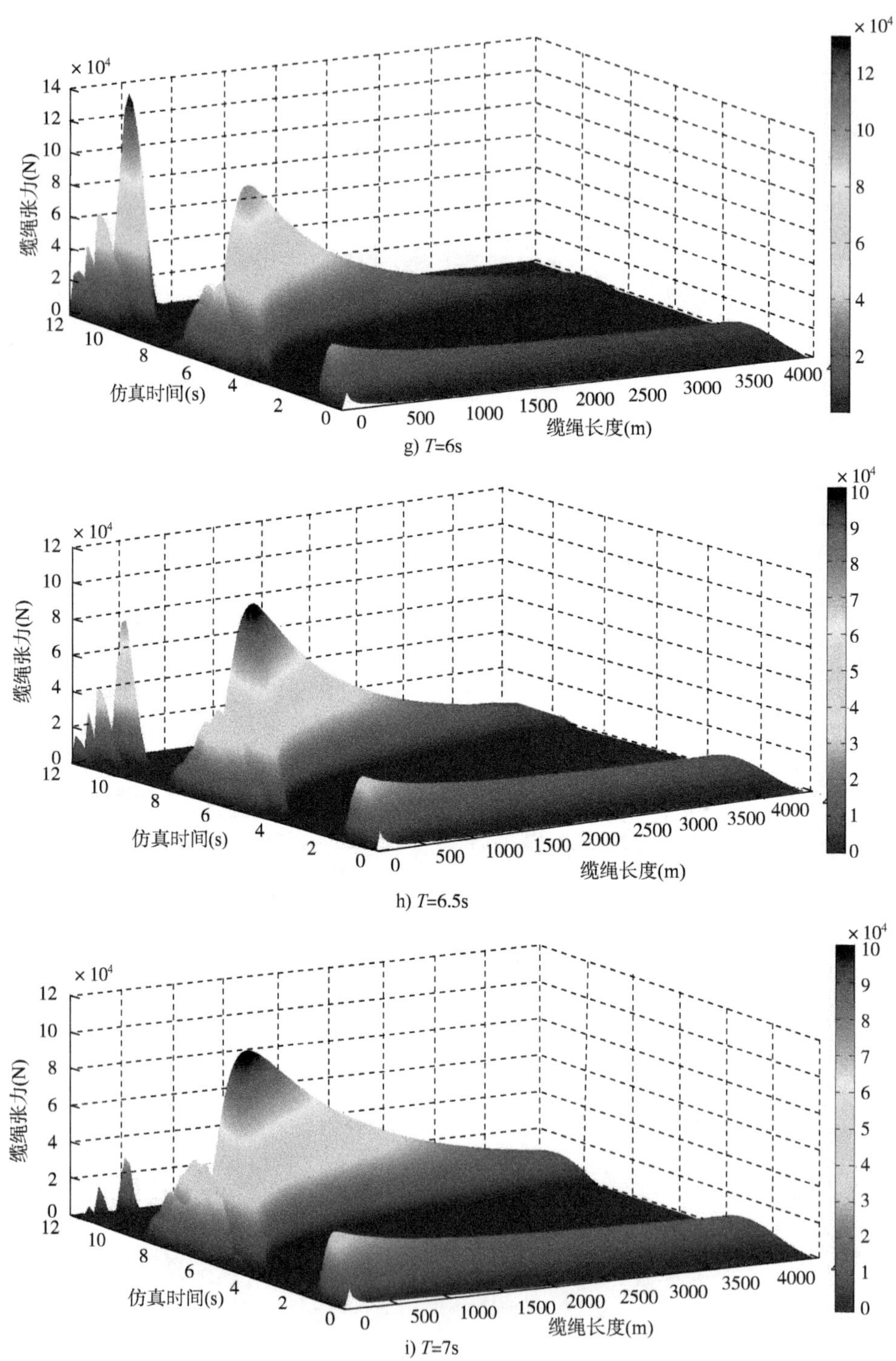

图 4-4

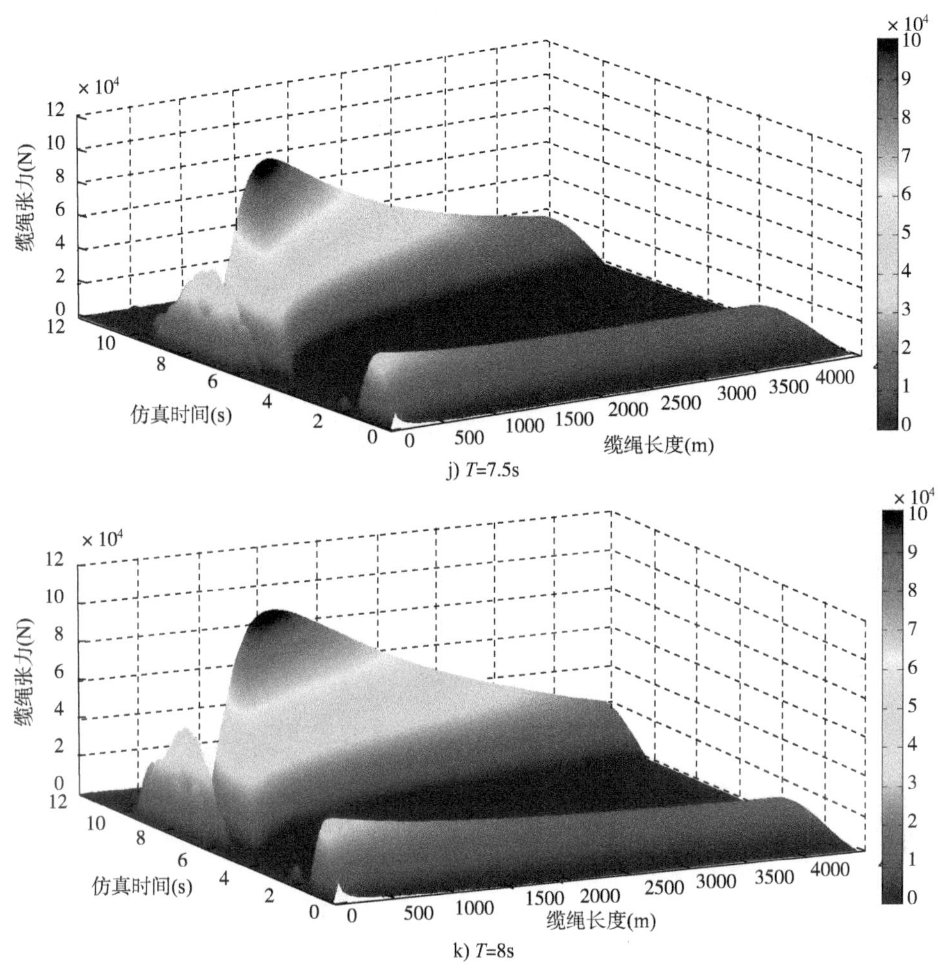

j) T=7.5s

k) T=8s

图4-4　4500m不同外部激励时吊缆不同位置处的缆张力

根据前述分析结果,动态缆张力与动态应变是线性关系,而线性应变与吊缆的变形位移直接相关,因此在计算缆张力时,当吊缆的位移为负值时,认为此时吊缆的张力为零,即缆张力不可能出现负值,此种假设与实际应用相符。由图4-4可以看出,吊缆中出现最大缆张力的位置不是外部激励的直接作用点,即工作母船吊点处,而是靠近外部激励作用点的位置,这与文献[38]的研究结果保持一致,进一步验证了本书中所用计算方法的可靠性。由图中缆张力的变化曲线可以看出,缆张力的传播呈现明显的波动现象,随着吊缆长度的增加,波动的幅值逐渐减小,原因为吊缆长度的增加使得相同外部激励引起的线应变逐渐减小。随着外部激励周期的逐渐增大,相同时间内缆张力的波动周期也相应变大,缆张力为零的时间也逐渐增大,这就意味着吊缆处于松弛状态的时间也逐渐增加。与此同时,随着外部激励周期的增加,缆张力的波动曲线变得相对平滑,一个周期内的变化剧烈程度减小,同一时刻不同位置处缆张力的变化过渡也逐渐变缓,出现这种情况的原因跟前述类似,亦是由于外部激励作用周期较小时,吊缆中的张力变化速度较快,可能在瞬间达到某一个峰值,缆中出现“突变载荷”,外部激励周期的增加会减缓“突变效应”的程度。

深水吊缆非线性运动响应的一个重要考察要素为位移在缆绳中的传播特性，由于文献试验的外部激励仅作用在垂向，同一平面内横向不受力，即认为吊缆的横向位移为零，故在分析缆长及外部激励周期对缆张力的影响后，对 4500m 吊缆垂向位移沿缆长的传播特性进行了计算，结果如图 4-5 所示，图中除垂向坐标表示吊缆的垂向位移外，其他表述与图 4-4相同。

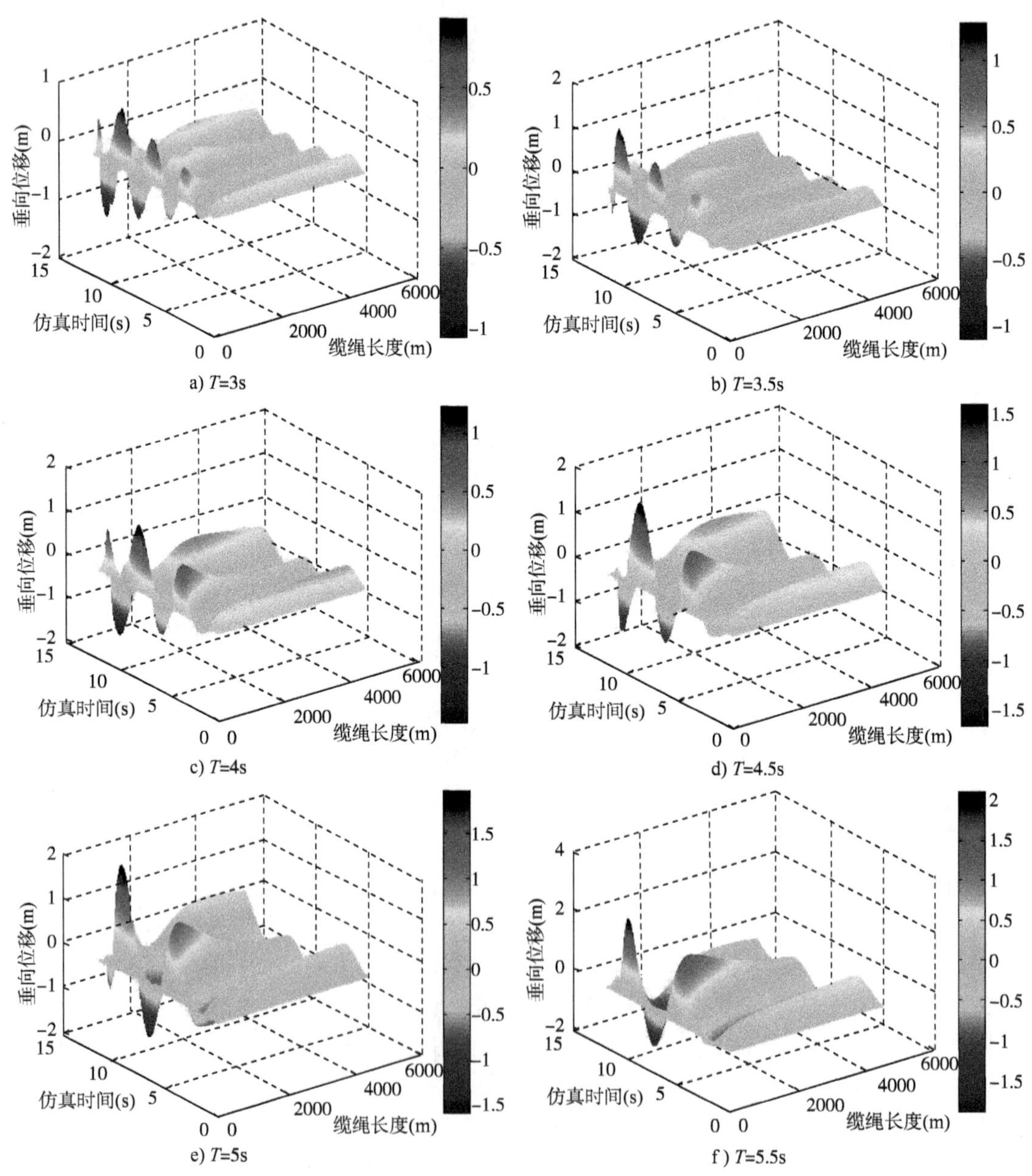

图 4-5

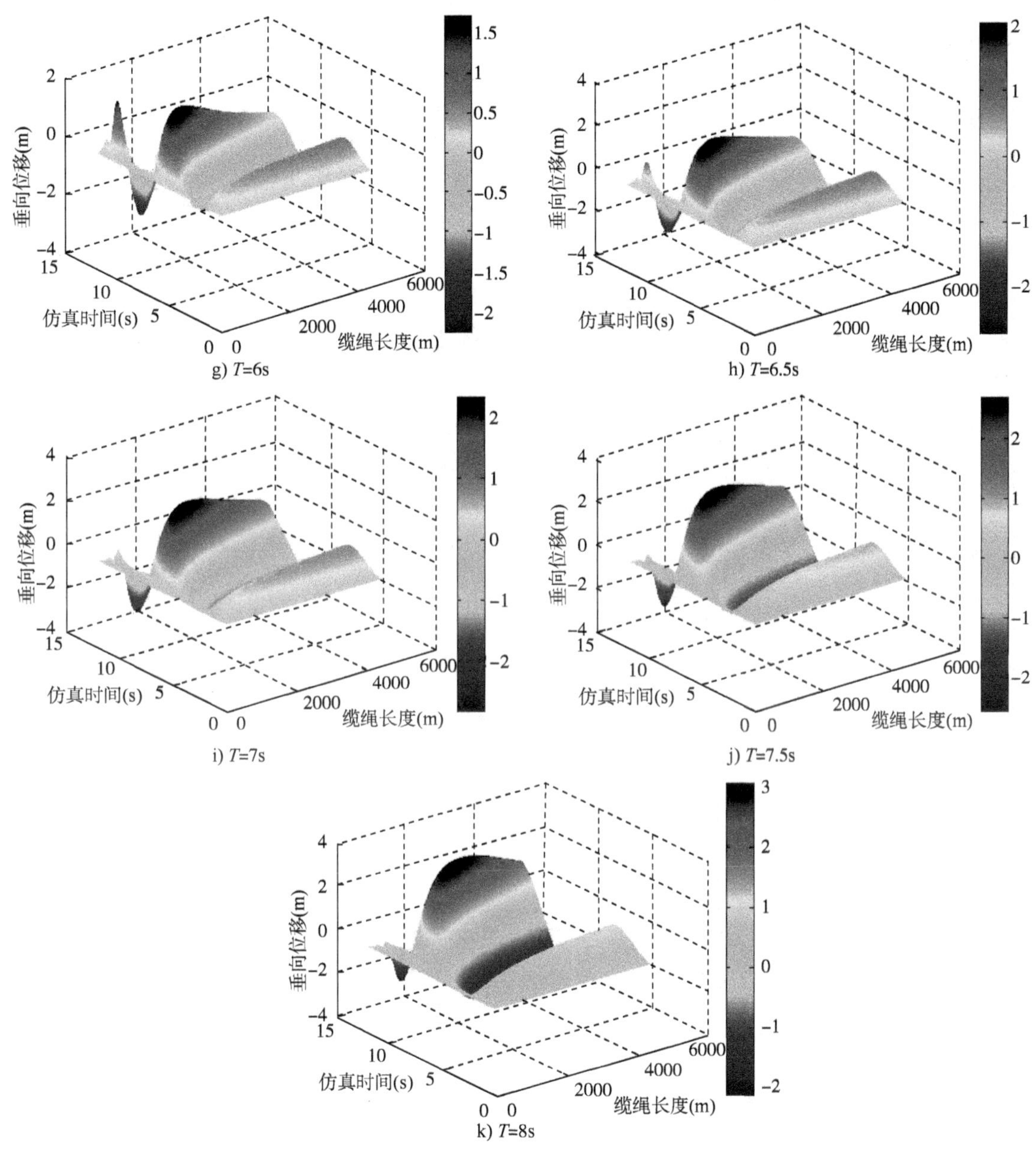

图 4-5　4500m 不同外部激励时吊缆不同位置处的垂向位移

由图 4-5 可以看出，吊缆不同位置处的垂向位移随外部激励周期的变化规律与缆张力基本相同，垂向位移的变化呈现波动性，且波动周期与外部激励周期有关。最大垂向位移也是出现在靠近激励点的位置，吊缆垂向位移的幅值随着外部激励周期的增大而增大，当外部激励周期为 8s 时，吊缆垂向位移的幅值可以达到 3m。与缆张力变化的不同点在于，虽然垂向位移存在峰值，但其随缆长的变化并非像缆张力一样存在突变，且峰值与其他值的差异也不如缆张力的大，这主要是因为建立吊缆动态模型时，将吊缆看作是连续的，因此位移的变化由于缆绳的连续性而看作是一个相对缓变的过程，但缆张力则可以瞬间达到某一个较大的值。

在深水吊装施工作业过程中,吊载的运动特性特别是垂向位移的幅值及变化规律,是影响整个吊装作业能否安全有效实施的关键所在。图4-6给出了吊缆长度为4500m时,吊载处垂向位移在不同外部激励周期时的计算结果。通过分析发现,吊载处垂向位移的响应周期要大于外部激励周期,随着激励周期的逐渐增大,响应周期与激励周期的差距呈现增大的趋势,这是因为由于吊缆过长导致外部激励的作用效果不能瞬间到达吊载处,使得吊载处的响应出现滞后现象。滞后现象的出现对缆张力产生较大的影响,外部激励开始作用的一个周期内,吊载还未开始响应,外部激励将进入下一个作用周期,对吊缆的张紧-松弛状态产生一定的影响。若吊缆处于张紧状态,由于外部激励的作用吊缆将继续伸长,局部将产生较大的缆张力,此时可能造成吊缆的断裂和破坏。同时还可以看出,随着激励周期的增加,吊载处的位移幅值逐渐增大,最大位移幅值可达2m,虽然比吊缆最大位移幅值小,但仍然会对整个水下吊装作用产生极大的影响。

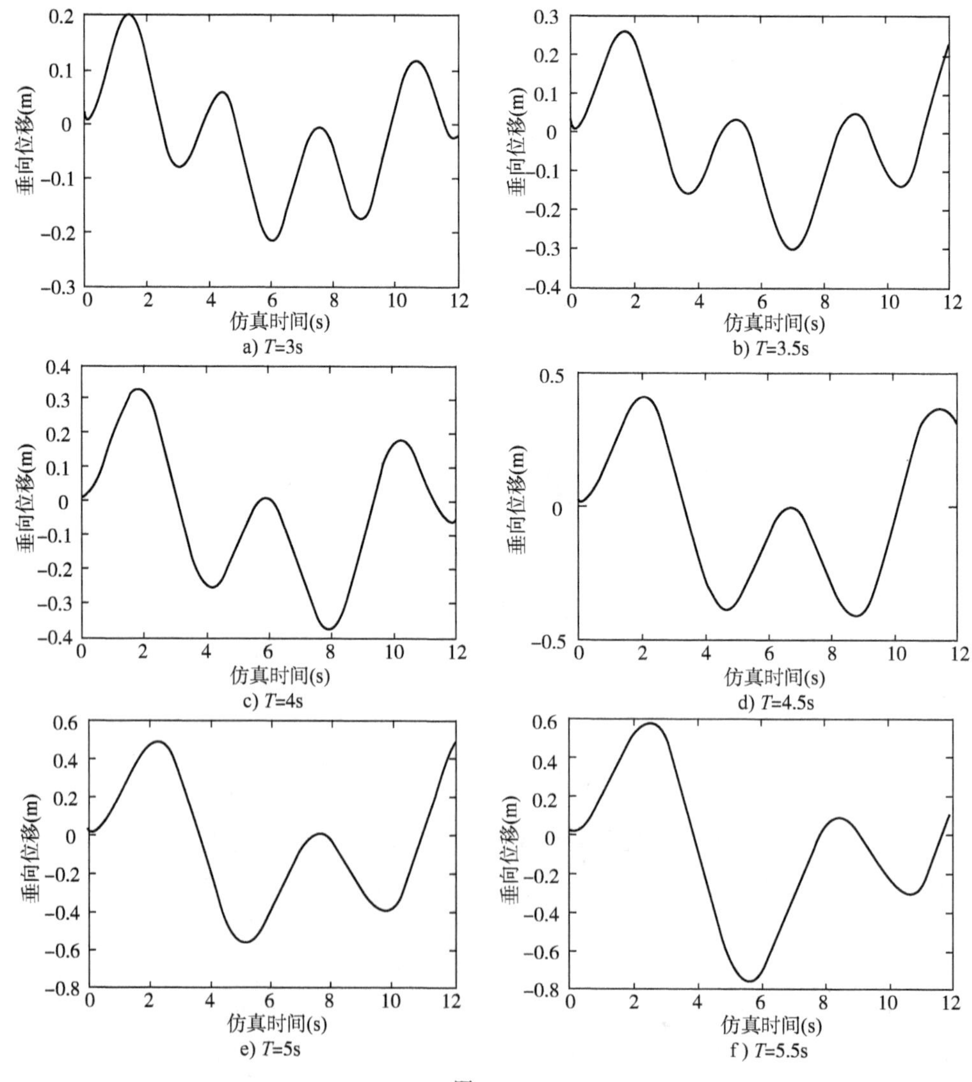

图 4-6

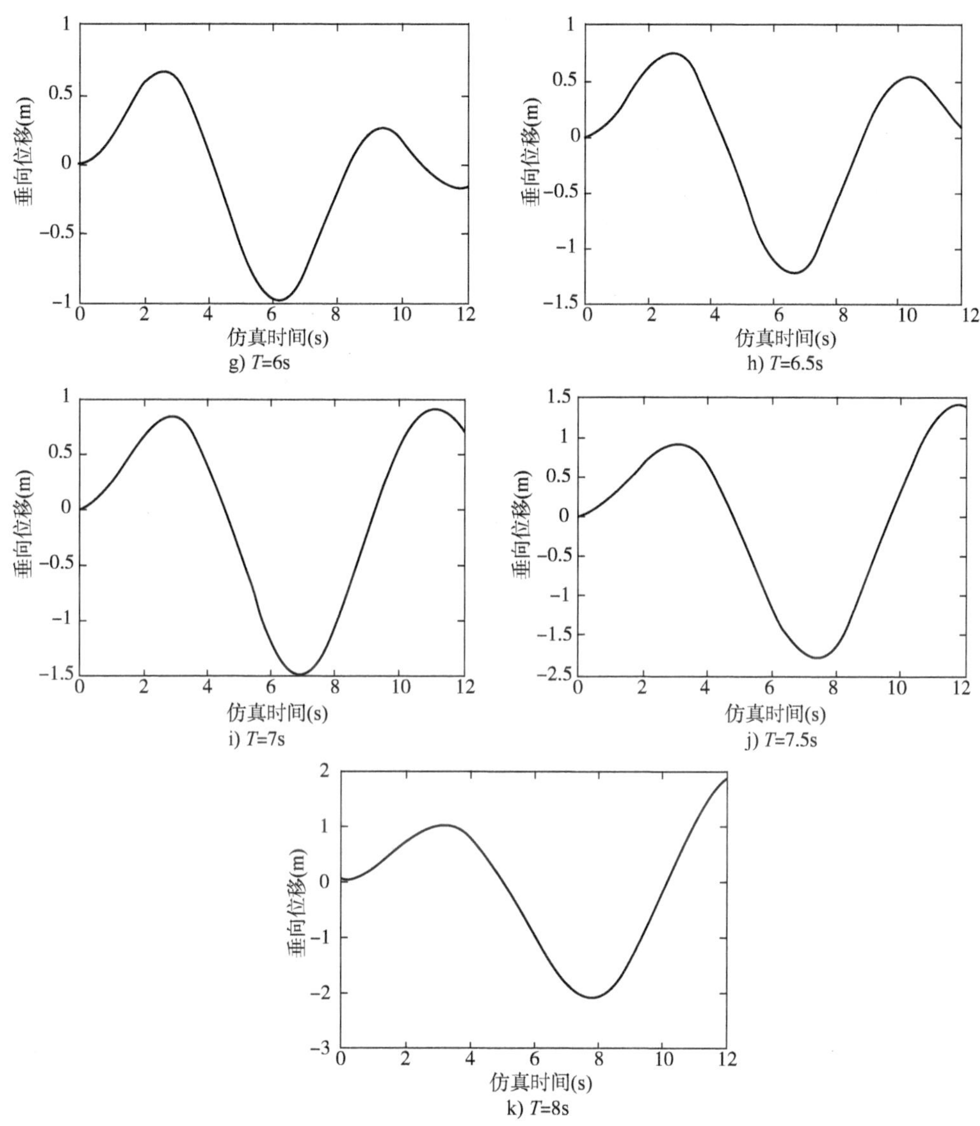

图 4-6　4500m 不同外部激励时吊载处垂向位移

通过分析发现，当缆绳长度较大时，无论是缆张力还是吊缆垂向位移，在整个缆绳内不是均匀分布的，若忽略吊缆的非线性，按照胡克定律计算吊缆的缆张力和位移将会产生很大的偏差。且一般情况下不会断裂的缆绳，由于局部缆张力较大或变形过大时可能出现局部破坏。因此，准确计算吊载处的响应位移和周期，对于保证吊缆的强度和吊装作业的顺利实施至关重要。

以上针对缆长 4500m 时吊缆的缆张力、垂向位移和吊载处的垂向位移等影响吊缆非线性运动特性的主要因素进行了分析，缆长 3000m 时的计算结果除数值与 4500m 时不同外，变化规律是一致的，由于篇幅的限制在这里不一一列出，只是将缆长 3000m 和 4500m 时吊载处垂向位移幅值的计算结果列于表 4-4 中，并绘制成图 4-7。通过分析发现，激励周期在 4s 以内时，缆长 3000m 和 4500m 吊载处的垂向位移幅值基本保持一致，随着激励周期增加，3000m 时吊载处的垂向位移幅值要大于4500m时，且相差程度越来越大。

吊载垂向位移幅值　　表4-4

缆绳长度(m)	外部激励周期(s)										
	3	3.5	4	4.5	5	5.5	6	6.5	7	7.5	8
4500	0.4115	0.5649	0.7077	0.8173	1.0514	1.3142	1.6236	1.9594	2.4022	3.1591	3.9346
3000	0.378	0.6147	0.7231	0.9824	1.4089	2.00545	2.602	3.19555	3.7891	4.38265	4.9762

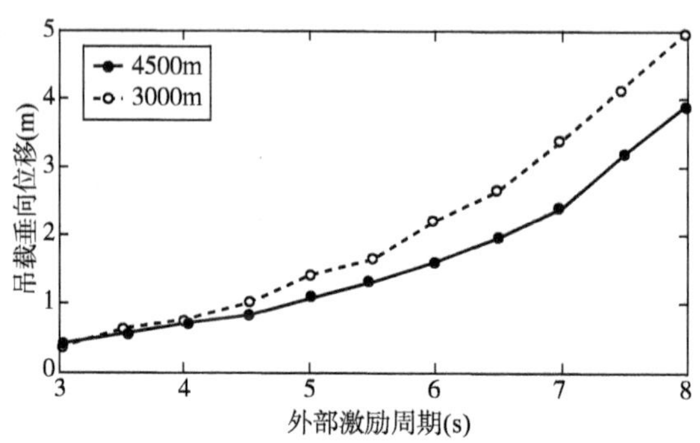

图4-7　不同缆绳长度的吊载垂向位移随外部激励变化情况

4.5　本章小结

吊缆力学性能和运动特性的非线性主要体现在材料非线性、几何非线性、载荷非线性和边界条件非线性四个方面，以吊缆的线弹性本构关系为前提，对已推得的非线性运动方程进行简化，根据方程的特点，采用有限差分方法进行求解，推导出适合非线性运动方程的五点四阶差分格式，参照文献中给定的参数对深水吊缆的非线性运动响应进行计算，通过与文献中不同外部激励周期时缆张力试验值的比较，验证了求解方法的准确性和可靠性，同时分析了出现误差的原因，强调了考虑非线性在求解吊缆运动过程中的重要性；接着以4500m缆长为例，计算得到吊缆不同位置处的缆张力，分析其分布规律和传播特性，研究发现缆张力的传播呈现明显的波动现象，随着吊缆长度的增加，波动的幅值逐渐减小，原因为吊缆长度的增加使得相同外部激励引起的线应变逐渐减小。随着外部激励周期的增加，缆张力的波动曲线变得相对平滑，一个周期内的变化剧烈程度减小，同一时刻不同位置处缆张力的变化过渡也逐渐变缓，外部激励周期的增加会减缓载荷“突变效应”的程度。

进一步给出4500m缆长不同位置处垂向位移的计算结果，得出结论：当缆绳长度较大时，无论是缆张力还是吊缆垂向位移，在整个缆绳内不是均匀分布的，若忽略吊缆的非线性，按照胡克定律计算吊缆的缆张力和位移将会产生很大的偏差。且一般情况下不会断裂的缆绳，由于局部缆张力较大或变形过大时可能出现局部破坏。同时给出了缆长4500m和3000m吊载处的垂向位移的计算结果，发现随着激励周期增加，3000m时吊载处的垂向位移幅值要大于4500m，且相差程度越来越大。

第 5 章　波流对深水吊缆非线性运动的影响分析

波浪和流是缆索流体作用力分析过程中的两个主要环境载荷，是影响缆索力学性能和运动特性的关键因素。准确建立波浪和流的力学模型，是分析水下缆索运动响应的前提，发展不同类型波浪和流中缆索水动力学性能的分析方法，对掌握深水吊装缆索的非线性运动特性具有重要的理论价值和工程意义。

5.1　波流载荷作用力

流体流经缆索时水质点的运动可以是定常的、非定常的或是简谐振荡，波浪中的水质点亦是如此，因此缆索所受的流体作用力主要体现在流体的拖曳力影响和惯性力作用两个方面[105]。

5.1.1　吊缆在流中的流体作用力

5.1.1.1　绕流拖曳阻力

吊缆在作业环境中受到的海流，当吊缆与定常流垂直时，通常认为所受阻力与流速的平方成比例，即单位长度缆索的阻力 $\vec{F}_D$ 可以表示为：

$$\vec{F}_D = \frac{1}{2}\rho C_{Dl} D U^2 \tag{5-1}$$

式中，ρ 为流体密度；D 为吊缆截面的特征尺度，将吊缆截面看作圆形，则 D 指的是吊缆的直径；U 为定常流的流速；C_{Dl}为阻力系数。

当缆索与流速方向成 θ 时，缆索上的阻力可以分成两部分来考虑，一部分垂直于缆索，一部分与缆索相切。

于是，单位长度缆索所受阻力的法向分量 $\vec{F}_{D_N}$可表示为：

$$\vec{F}_{D_N} = \frac{1}{2}\rho C_{Dl} D\ (U_N)^2 \tag{5-2}$$

其中 $U_N = U\sin\phi$，为垂直于缆索的流速分量，故：

$$\vec{F}_{D_N} = \frac{1}{2}\rho C_{Dl} D U^2 \sin^2\theta = \vec{F}_D \sin^2\theta \tag{5-3}$$

切向分量：

$$\vec{F}_{D_T} = \frac{1}{2}\rho C_{DT}(\pi D)\ U_T^2 \tag{5-4}$$

式中，$C_{DT}=\gamma C_{Dl}$为切向阻力系数；γ 为一常数；πD 为单位长度缆索的表面积；$U_T=U\cos\theta$，为与缆索相切的流速分量，故：

$$\vec{F}_{D_T} = \frac{1}{2}\gamma\rho C_{Dl}(\pi D)\ U^2\cos^2\theta = \pi\gamma\vec{F}_D\cos^2\theta \tag{5-5}$$

切向阻力系数与法向阻力系数 C_D 之比 γ 的范围为：$0.01\leqslant\gamma\leqslant0.03$。

阻力系数 C_{Dl}是随雷诺数的改变而改变的，同时与缆索的截面形状和表面粗糙度有关。将缆索近似为圆柱，则雷诺数可以定义为：

$$\mathrm{Re} = \frac{UD}{\upsilon} \tag{5-6}$$

式中，υ 为流体的运动黏性系数；U 为垂直于缆索的来流速度。文献资料中给出了光滑圆柱和粗糙圆柱的阻力系数随雷诺数的变化情况，如图 5-1 所示。

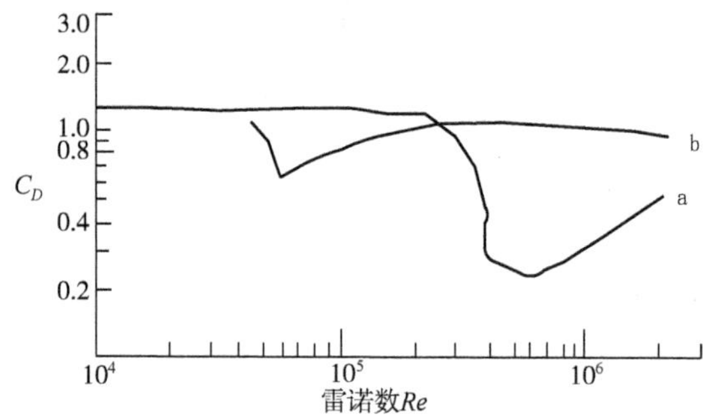

图 5-1　阻力系数随雷诺数变化

a-光滑圆柱；b-粗糙圆柱

由图 5-1 可以看出，在 $Re<2\times10^5$ 的亚临界区，阻力系数 C_{Dl}维持在 1.2 左右，并且较为稳定。

5.1.1.2　绕流惯性力

当流场为非定常时，吊缆除了受拖曳阻力的作用外，还受到流体加速度引起的惯性力的影响[106-109]。

在不可压缩理想流场中，不考虑吊缆对流场的影响，认为流场中的压力分布不因吊缆的存在而改变，那么可以将吊缆的边界作为加速流体边界的一部分，也就是被吊缆占据的那部分体积内的水体，本应该以一个与流场中该处相应的加速度做加速运动，但由于吊缆的存在使得这部分水体减速至静止不动，因此加速流体对吊缆沿流动方向作用一个惯性力，被称为 Froude-Kylov 力 F_{FK}，其表达式为：

$$F_{FK} = \rho\bar{V}_0\left(\frac{\mathrm{d}v}{\mathrm{d}t}\right) = M_0\left(\frac{\mathrm{d}v}{\mathrm{d}t}\right) \tag{5-7}$$

吊缆的存在必然会使得缆周围流体质点受到扰动而引起速度的变化，吊缆的扰动使缆周围改变了原来运动状态的那部分附加流体的质量 M_ω 沿流体流动方向也将对主体产生一个附加惯性力，也称为附加质量力。因此加速流体沿流动方向真正作用在吊缆上的绕流惯性力可以表示为：

$$F_I = (M_0 + M_\omega)\frac{\mathrm{d}v}{\mathrm{d}t} \tag{5-8}$$

令 $M_\omega = C_m M_0$

则：

$$F_I = (1 + C_m)M_0\frac{\mathrm{d}v}{\mathrm{d}t} = C_M M_0\frac{\mathrm{d}v}{\mathrm{d}t} \tag{5-9}$$

这里的 C_m 为附加质量系数；C_M 为惯性力系数，集中反映了由于流体惯性力及吊缆的影响，使得缆周围流场速度的改变而引起的附加质量效应。

5.1.2　作用在吊缆上的波浪力

相对于波浪来说，缆索属于细长体，因此缆索的波浪力计算广泛应用 Morison 公式。该公式假定缆索在波浪中总的波浪力分为两个部分，一部分为水质点流经柱体时速度引起的拖曳阻力，另一部分为水体加速度所产生的惯性力，缆索某一长度 ds 微段上的波浪力可以表示为[109]：

$$\mathrm{d}F = \frac{1}{2}\rho C_D DU|U|\mathrm{d}s + \rho C_M A\dot{U}\mathrm{d}s \tag{5-10}$$

式中，$\mathrm{d}F$ 为微段上水质点速度和加速度方向上合成的总波浪力；ρ 为水的密度；D 为缆索截面对流尺度（缆索直径）；A 为缆索横截面积；U 和 $\dot{U}$ 分别为缆索垂向水质点的瞬时速度和加速度；C_D 为拖曳阻力系数；C_M 为惯性力系数。

采用 Morison 公式计算波浪力时，认为缆索产生的波浪绕射效应可以忽略，原因是缆索的横截面特征尺度 D 与波长 λ 相比是一个小量，一般认为当 $D/\lambda < 0.2$ 时 Morison 公式是适用的，此时缆索周围水质点的瞬时速度和加速度可以根据某种选定的波浪理论求得。

不失一般性，选用随机波浪理论来计算吊缆受到的波浪力，考虑到吊缆的长度及运动频率很可能落到海浪显著部分的频率内而引起的动力学响应[109]，采用求解随机波浪力中的谱分析法进行计算。

令 $u(t)$ 和 $a(t)$ 分别表示 t 时刻单位长度吊缆周围水质点的水平速度和水平加速度，令：

$$C_1 = \frac{1}{2}C_D\rho D \tag{5-11}$$

$$C_2 = C_M\rho\frac{\pi D^2}{4} \tag{5-12}$$

则 Morison 公式可以简化为：

$$f(t) = C_1 u(t)\,|u(t)| + C_2 a(t) \tag{5-13}$$

随机波水质点的最大水平速度和加速度分别可以表示为：

$$u_{\max} = \frac{\pi H}{T}\cdot\frac{chkz}{shkd} \tag{5-14}$$

$$a_{\max} = \frac{2\pi^2 H}{T^2} \cdot \frac{chkz}{shkd} \tag{5-15}$$

与波面方程 $\eta(t)$ 的关系可以表示为：

$$u(t) = T_u(\omega)\,\eta(t)\ ,a(t) = T_a(\omega)\,\eta(t) \tag{5-16}$$

则可得到水平速度谱密度 $S_u(\omega)$ 和加速度谱密度 $S_a(\omega)$ 分别为：

$$S_u(\omega) = |T_u(\omega)|^2 S_\eta(\omega) \tag{5-17}$$

$$S_a(\omega) = |T_a(\omega)|^2 S_\eta(\omega) \tag{5-18}$$

式中，$|T_u(\omega)|^2$ 和 $|T_a(\omega)|^2$ 分别表示波动水质点水平速度和加速度的传递函数，具体形式为：

$$|T_u(\omega)|^2 = \left(\omega \frac{chkz}{shkd}\right)^2 \tag{5-19}$$

$$|T_a(\omega)|^2 = \left(\omega^2 \frac{chkz}{shkd}\right)^2 \tag{5-20}$$

由式(5-17)、式(5-18)可以看出，已知海浪谱 $S_\eta(\omega)$，即可求得相应的速度谱 $S_u(\omega)$ 和加速度谱 $S_a(\omega)$。

重新写出 Morison 公式：

$$f(t) = f_D(t) + f_I(t) \tag{5-21}$$

其中，

$$f_I(t) = C_2 a(t) \tag{5-22}$$

$$f_D(t) = C_1 u(t)\,|u(t)| \tag{5-23}$$

由式(5-22)可得自相关函数为：

$$R_{f_I}(\tau) = C_2^2 R_a(\tau) \tag{5-24}$$

对上式进行傅立叶变换，可得惯性波浪力与加速度谱之间的关系为：

$$S_{f_I}(\omega) = C_2^2 S_a(\omega) \tag{5-25}$$

将传递函数代入上式，可以得到某一高度 z 处惯性波浪力谱为：

$$S_{f_I}(\omega) = C_2^2\ |T_u(\omega)|^2 S_\eta(\omega) \tag{5-26}$$

于是可以得到水深为 d 时作用于吊缆的总惯性波力谱为：

$$S_{P_I}(\omega) = \left(C_M \rho \frac{\pi D^2}{4} \frac{\omega^2}{k}\right)^2 S_\eta(\omega) \tag{5-27}$$

式中，$\frac{\omega^2}{k} = gthkd$。

对应的传递函数为：

$$|T_{pI}(\omega)|^2 = \left(C_M \rho \frac{\pi D^2}{4} \frac{\omega^2}{k}\right)^2 \tag{5-28}$$

同样的方法可得某一水深处拖曳力谱为：

$$S_{f_D}(\omega) = |T_{fD}(\omega)|^2 S_\eta(\omega) \tag{5-29}$$

其中：

$$|T_{fD}(\omega)|^2 = \left(\frac{1}{2}C_D\rho D\sigma_u\sqrt{\frac{8}{\pi}}\omega\,\frac{chkz}{shkd}\right)^2 \tag{5-30}$$

为拖曳力的传递函数。

于是整个吊索上的总拖曳波力谱为：

$$S_{p_D}(\omega) = \left(\frac{1}{2}C_D\rho D\sqrt{\frac{8}{\pi}}\,\frac{\omega}{shkd}\int_0^d\sigma_u chkz\mathrm{d}z\right)^2 S_\eta(\omega) \tag{5-31}$$

对应的传递函数为：

$$|T_{pD}(\omega)|^2 = \left(\frac{1}{2}C_D\rho D\sqrt{\frac{8}{\pi}}\,\frac{\omega}{shkd}\int_0^d\sigma_u chkz\mathrm{d}z\right)^2 \tag{5-32}$$

根据线性化的 Morison 方程：

$$f(t) = C_1\sigma_u\sqrt{\frac{8}{\pi}}u(t) + C_2 a(t) \tag{5-33}$$

可以得到某一水深处的波力谱为：

$$S_f(\omega) = \left(C_1\sigma_u\sqrt{\frac{8}{\pi}}\omega\,\frac{chkz}{shkd}\right)^2 S_\eta(\omega) + \left(C_2\omega^2\,\frac{chkz}{shkd}\right)^2 S_\eta(\omega) \tag{5-34}$$

整个吊缆上的总波力谱为：

$$S_p(\omega) = \left(C_1\sqrt{\frac{8}{\pi}}\,\frac{\omega}{shkd}\int_0^d\sigma_u chkz\mathrm{d}z\right)^2 S_\eta(\omega) + \left(C_2\,\frac{\omega^2}{k}\right)^2 S_\eta(\omega) \tag{5-35}$$

视随机海浪为平稳随机过程，按照瑞利分布推算不同累积概率 F 下的最大波力值。最大总波力 F_{max} 的概率分布密度为：

$$p(F_{max}) = \frac{F_{max}}{{\sigma_F}^2}\exp\left(-\frac{F_{max}}{2\sigma_F^2}\right) \tag{5-36}$$

累积概率为：

$$\begin{aligned} F(F_{max}) &= F[F_{max} \geqslant (F_{max})_{F\%}] \\ &= \int_{(F_{max})_{F\%}}^{\infty} p(F_{max})\,\mathrm{d}F_{max} \\ &= \exp\left\{-\frac{1}{2}\left[\frac{(F_{max})_{F\%}}{2\sigma_F^2}\right]^2\right\} \end{aligned} \tag{5-37}$$

则累积概率 $F(\%)$ 的最大总波力为：

$$(F_{max})_{F(\%)} = \left[2\ln\frac{1}{F(\%)}\right]^{\frac{1}{2}}\sigma_F = k_\sigma\sigma_F \tag{5-38}$$

式中，σ_F 是总波力 F 的均方差：

$$\sigma_F = \sqrt{m_0} = \sqrt{\int_0^\infty S_p(\omega)\,\mathrm{d}\omega} = \sqrt{\int_0^\infty [S_{pD}(\omega) + S_{pI}(\omega)]\mathrm{d}\omega} \tag{5-39}$$

这样就可以得到累积概率的最大总拖曳波力和最大总惯性力分别为：

$$(F_{D\max})_{F(\%)} = k_\sigma \sigma_{FD} = k_\sigma \sqrt{\int_0^\infty S_{pD}(\omega)\,\mathrm{d}\omega} \tag{5-40}$$

$$(F_{I\max})_{F(\%)} = k_\sigma \sigma_{FI} = k_\sigma \sqrt{\int_0^\infty S_{pI}(\omega)\,\mathrm{d}\omega} \tag{5-41}$$

式中，k_σ 值查表可得。

5.1.3 波流联合作用在吊缆上的力

波和流的联合作用极为复杂，流的存在必然改变波浪原来的运动特性，进而影响吊缆上的波浪力。当流的方向与波的方向成一角度时，可以改变波浪原来的传播方向，与海底地形等深线引起波浪折射类似，使波峰线发生弯曲导致波能的汇聚和发散；当流向与波向相反时，流使得波高增大，波形变陡，可能引起波浪的破碎而消耗能量；当流向与波向一致时，流使得波高降低，波形变缓，也改变了波浪原来的运动特性，因此流速与波速的联合作用必然会影响作用在吊缆上的拖曳力[110]。

波流联合作用在缆索上的拖曳力并非波和流各自作用的拖曳力分别计算然后线性叠加，目前对波流联合作用力的计算一般多采用经验公式。

假设海流的速度为 U_c，与 x 轴的夹角为 ψ，则三个方向上的速度分量为 $\{U_c\cos\psi, U_c\sin\psi, 0\}$，则波流联合作用在单位长度缆索上的拖曳力可表示为：

$$F_D = \frac{1}{2} C_D \rho D U_{cr} \left| U_{cr} \right| \tag{5-42}$$

式中，$U_{cr} = e \times (u_r \times e)$，$u_r = u + u_c$。

U_{cr}为与缆索正交的波浪速度和流速度的矢量和，$|U_{cr}|$为 U_{cr}的模。

对于直立缆索来说，单位长度缆索的拖曳力可表示为：

$$F_D = \frac{1}{2} C_D \rho D (u + u_c) \left| (u + u_c) \right| \tag{5-43}$$

三个方向的分量可表示为：

$$\left.\begin{aligned} F_{D_x} &= \frac{1}{2} C_D \rho D (u_x + u_c\cos\psi) \left| (u + u_c) \right| \\ F_{D_y} &= \frac{1}{2} C_D \rho D u_c \sin\psi \left| (u + u_c) \right| \\ F_{D_y} &= 0 \end{aligned}\right\} \tag{5-44}$$

式中，$|(u+u_c)| = [(u_x + u_c\cos\psi)^2 + (u_c\sin\psi)^2]^{1/2}$

5.2 波流载荷作用计算参数

用于计算波流载荷作用力的计算参数列于表 5-1 和表 5-2 中。

典型海况　表 5-1

有义波高 $h_{1/3}$(m)	0.5	1.0	1.25	2.0	2.5	3.0
特征周期 T(s)	3.2	4.5	5.1	5.8	6.9	7.5

波流载荷作用计算参数　表 5-2

吊缆计算参数	符号	数值及量纲	吊缆计算参数	符号	数值及量纲
弹性模量	E	2.83×10^{10}	波的切向拖曳力系数	C_{Dt}	0.01
吊缆密度	ρ_l	3.2kg/m^3	波的法向拖曳力系数	C_{Dn}	1.5
吊缆直径	d	0.155m	流的切向拖曳力系数	C_{DT}	1.2
波的切向附加惯性力系数	C_{Mt}	2	流的法向拖曳力系数	C_{Dl}	0.024
波的法向附加惯性力系数	C_{Mn}	2			

工作母船在波流作用下产生的摇荡运动响应，势必影响吊缆的力学性能和运动特性，分析波流载荷对吊缆的作用时，首先应对工作母船的摇荡运动响应进行计算。

5.2.1　工作母船计算参数

选取的工作母船基本参数如表 5-3 所示。

工作母船基本参数　表 5-3

参　数	数　值	参　数	数　值
垂线间长	80.7m	最大吊载	200t
型宽	24.0m	最大吊放作业水深	4500m
吃水	7.8m	极限海况	波高 3m，周期 9s
型排水量	10505t		

忽略工作母船其他方向的运动响应，仅考虑对吊缆影响最大的升沉运动，利用水动力学计算软件 AQWA 计算得到吊点处在系泊状态时不同有义波高下的升沉运动响应时历，作为吊缆的外部激励，波浪参数参照表 5-1，计算结果如图 5-2 所示。

5.2.2　波浪计算参数

选取 ITTC 规定的标准波浪谱 Pierson-Moscowitz（P-M 谱）作为靶谱计算吊缆受到的波浪力，其表达形式为：

$$S_{PM}(\omega)=\frac{0.78}{\omega^5}\exp\left[-\frac{3.11}{\omega^4H^2{}_{1/3}}\right] \tag{5-45}$$

式中，ω 为频率；$H_{1/3}$为有义波高。

选取表 5-1 和表 5-2 中的参数，利用公式(5-45)计算得到不同有义波高的谱密度如图 5-3 所示，利用公式(5-35)计算得到不同有义波高时的波浪力谱密度和波浪力如图 5-4 和图 5-5 所示。

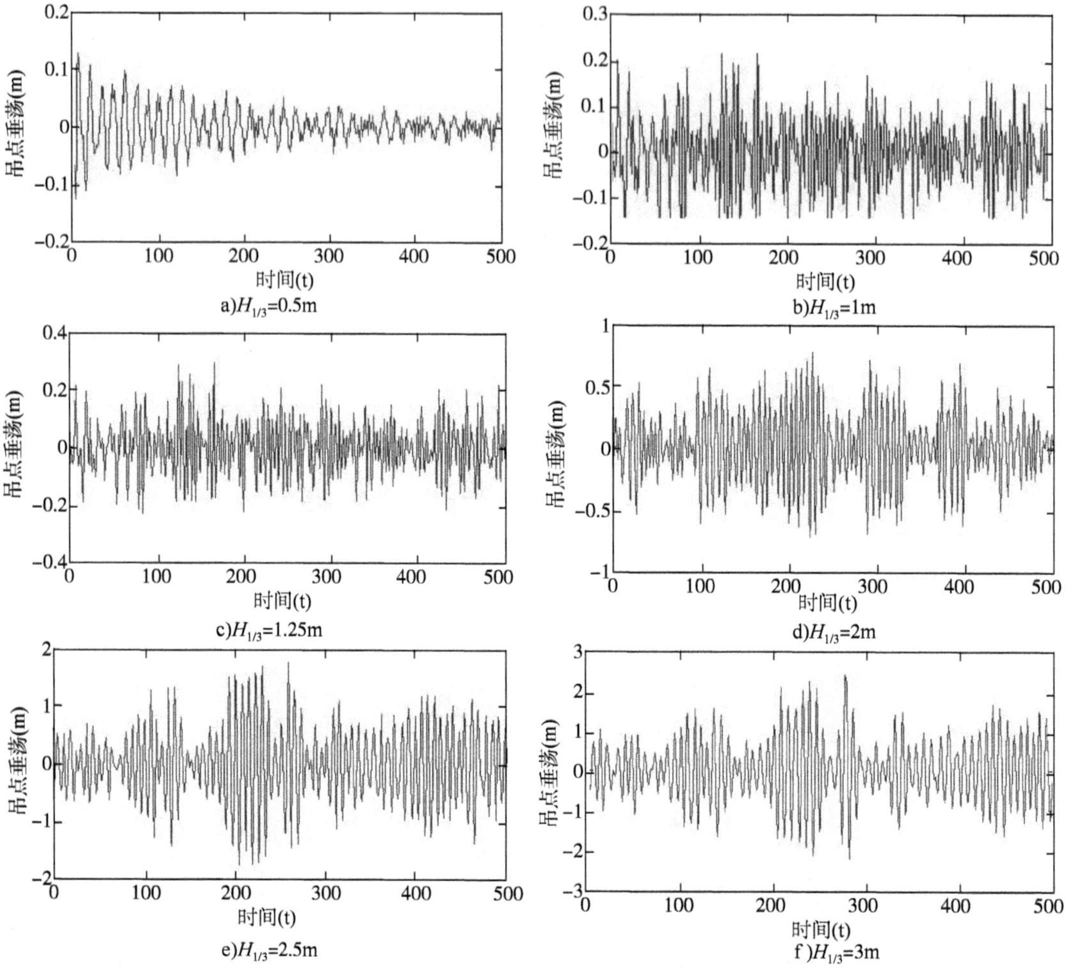

吊点垂荡(m)
时间(t)
a)$H_{1/3}$=0.5m
b)$H_{1/3}$=1m
c)$H_{1/3}$=1.25m
d)$H_{1/3}$=2m
e)$H_{1/3}$=2.5m
f)$H_{1/3}$=3m

图 5-2　不同有义波高时工作母船升沉运动响应时历

谱密度(m²·s)
频率(rad/s)
H=0.5m
H=1m
H=1.25m
H=2m
H=2.5m
H=3m

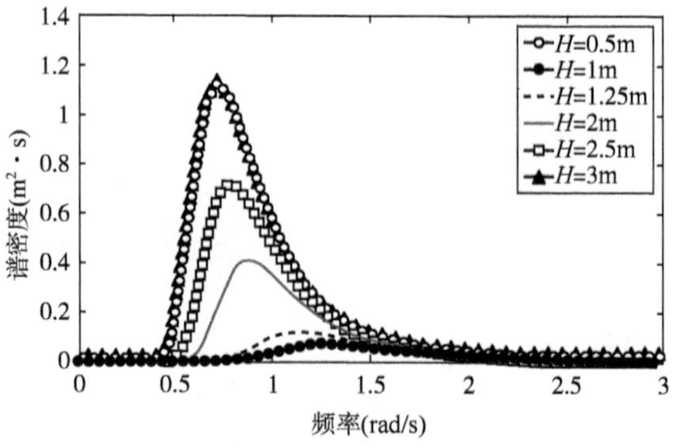

图 5-3　不同有义波高的谱密度

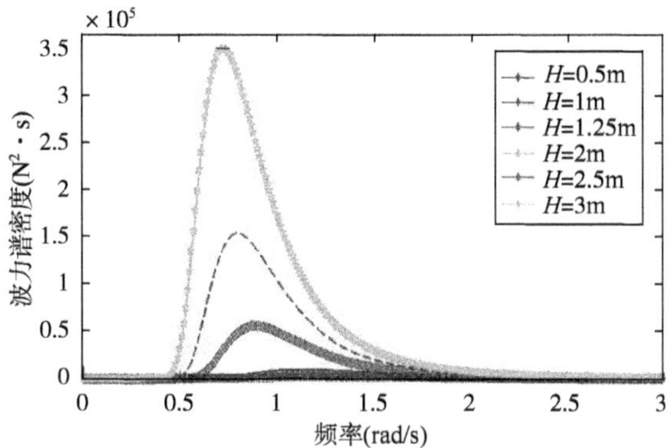

图 5-4　不同有义波高的波浪力谱密度

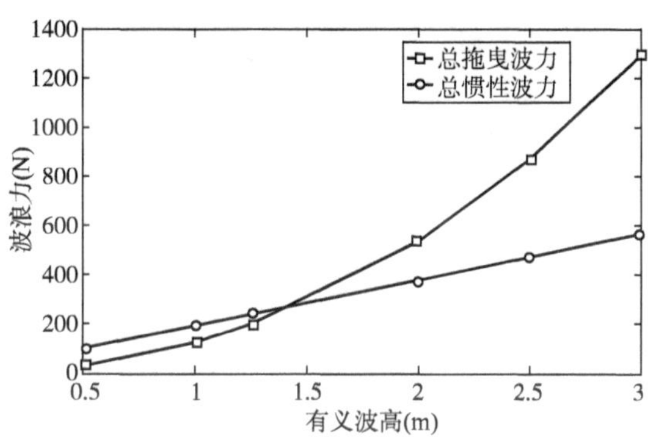

图 5-5　不同有义波高的波浪力

5.2.3　流计算参数

一般说来流的速度随时间变化相对比较缓慢,在大多数情况下,流的速度剖面随深度的变化也是缓慢的,故缆索在海流中受到的流体拖曳阻力可以看作是定常的,此时由流加速度引起的绕流惯性力为零,为了研究流速对吊缆作用的一般规律,分别选取 0.5m/s、1m/s 和 1.5m/s为典型计算流速,代入公式(5-2)和公式(5-4)可以得到流在法向和切向的拖曳阻力。

5.3　波流作用时深水吊缆非线性运动响应分析

5.3.1　忽略波流影响的吊缆非线性运动响应

由前述可知,工作母船吊点处的升沉运动是影响吊缆力学性能和非线性运动特性的重要因素之一。由于波流作用时,不仅会对吊缆运动产生影响,同时也使得母船产生一定的运动响应,为准确得到吊缆在波流载荷作用下的运动特性,需考察忽略波流影响时母船运动响应对吊缆的影响。此时只考虑母船的垂向运动,即吊缆在横向不受力,横向位移为零。采用

5.2.1节中母船计算参数，分别针对吊载为10t、50t、100t、150t、200t时吊缆在不同有义波高、不同缆绳长度时的动态缆张力、吊缆的垂向位移及吊载处的垂向位移幅值进行计算，由于篇幅的限制，仅给出有义波高3m，吊载10t时的具体计算结果。最大动张力的传播如图5-6所示，吊缆的垂向位移的变化如图5-7所示，吊载处的垂向位移如图5-8所示。

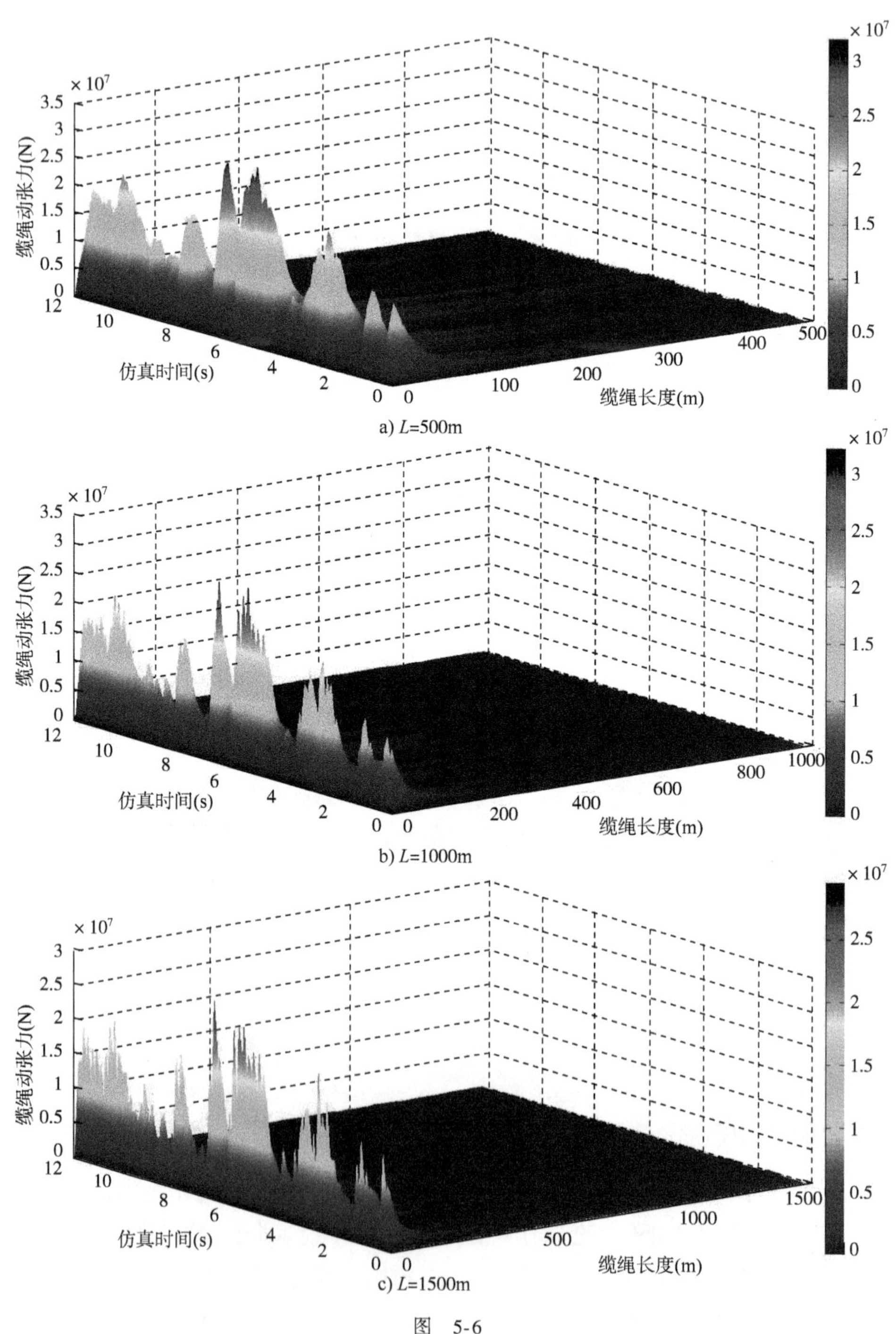

图 5-6

×10^7
缆绳动张力(N)
仿真时间(s)
缆绳长度(m)
d) L=2000m
×10^7
缆绳动张力(N)
仿真时间(s)
缆绳长度(m)
e) L=2500m
×10^7
缆绳动张力(N)
仿真时间(s)
缆绳长度(m)
f) L=3000m

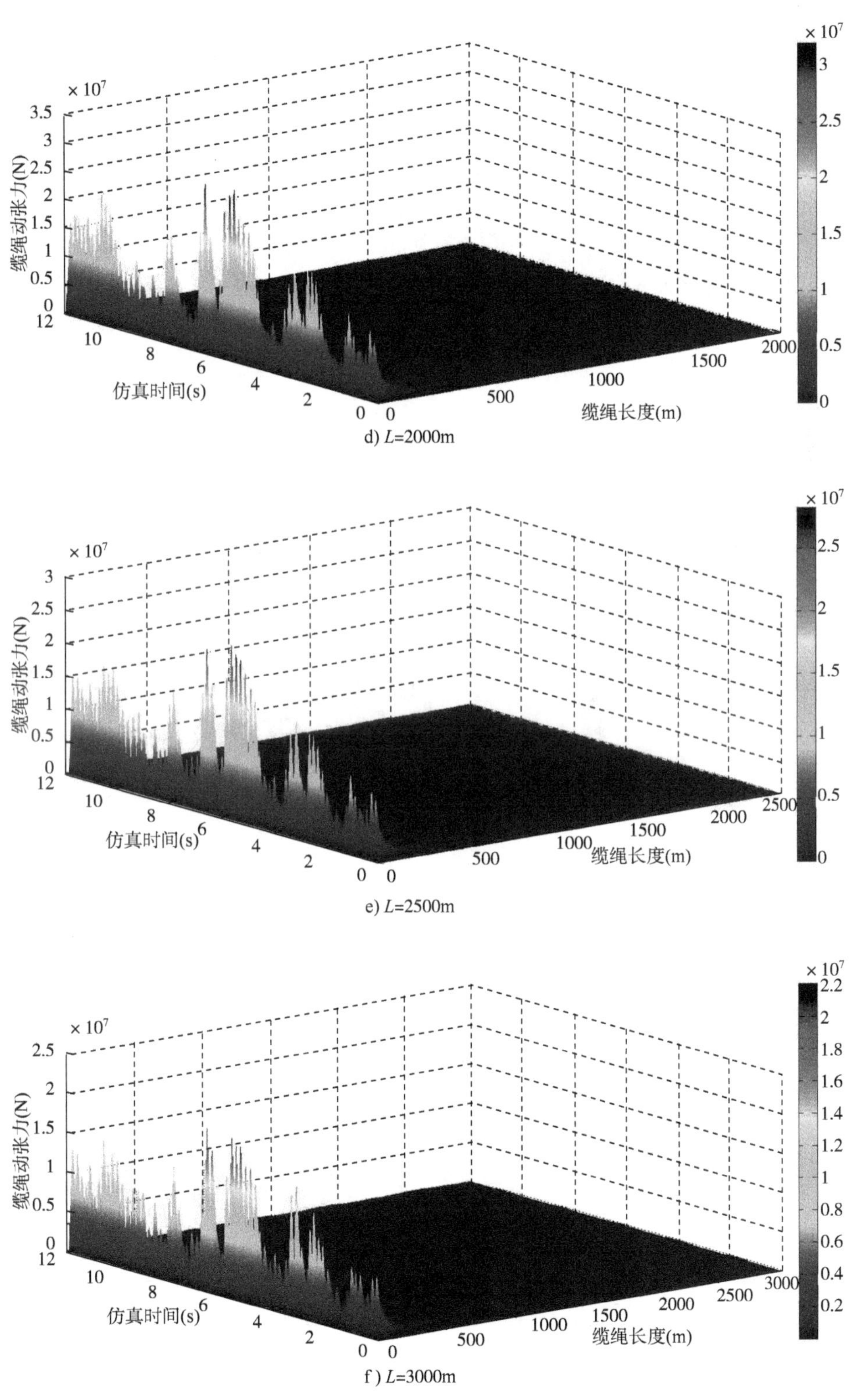

图　5-6

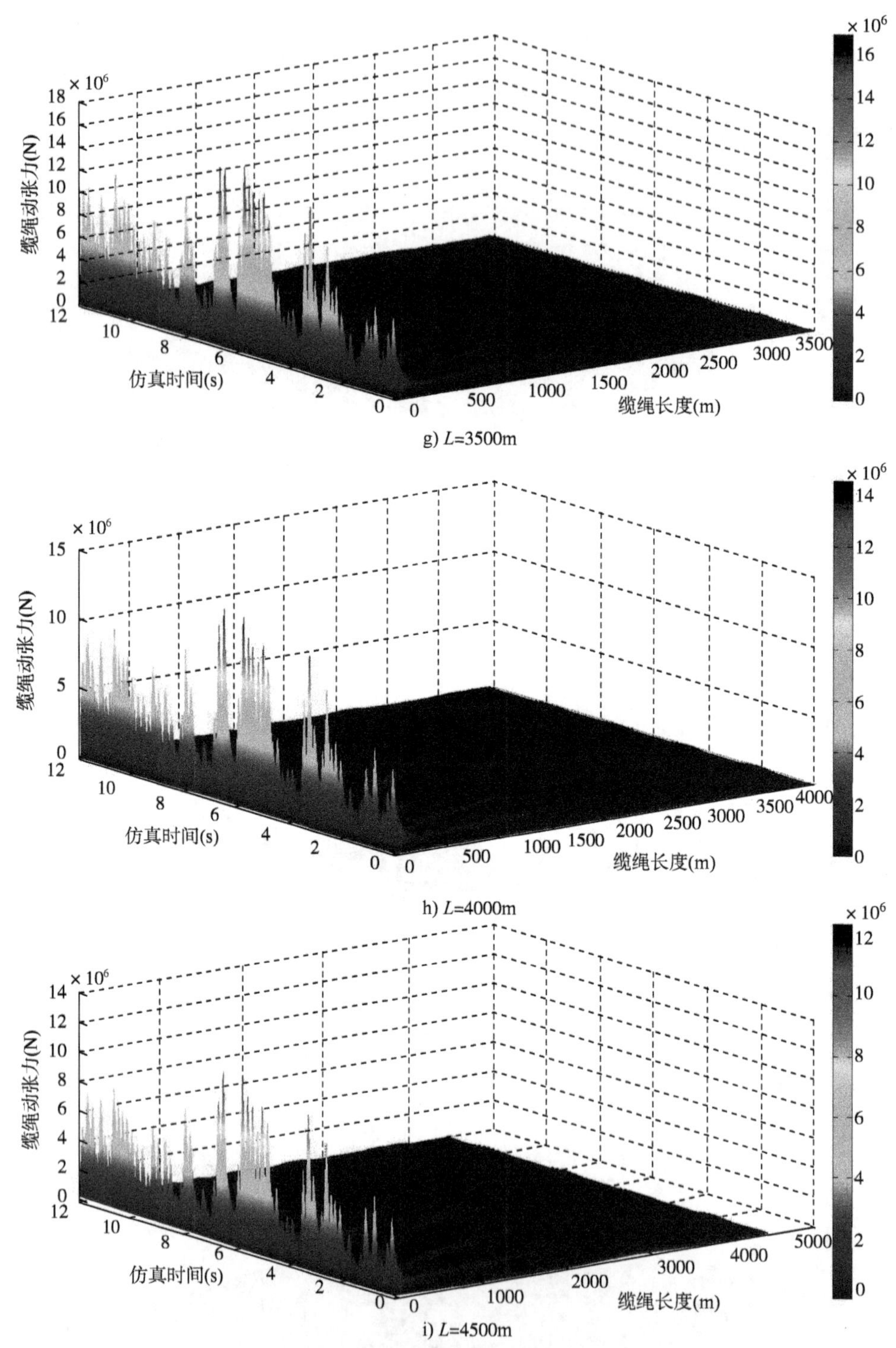

g) L=3500m

h) L=4000m

i) L=4500m

图 5-6　不同缆绳长度时的动态缆张力

观察图 5-6 可以看出，当工作母船在有义波高 3m、吊载为 10t 进行作业时，吊缆最大动态缆张力的数量级可以达到10^7，同一缆绳长度时，吊缆动态缆张力的最大值不是吊点处，而是在靠近吊点的位置处，这与前述研究结果相同。随着缆长的不断增加，最大动态缆张力的数值呈现逐渐减小的趋势，其原因为由于考虑了吊缆的非线性，缆张力在吊缆中并非均匀分布，外部激励的作用在吊缆中的传递需要一定的时间。当缆长较短时，外部激励的作用很快传递到吊载处，整个吊载系统可以瞬间响应，由于外部激励传递的时间短，可以将整个过程类比于突变载荷作用于吊缆上，因此动态张力的幅值较大。随着吊缆长度的增加，外部激励传递时间较长，“突变效应”逐渐减缓，吊缆非线性效应的累积对外部激励而言起到缓冲的作用，动态张力也就相应出现逐渐减小的趋势。

同时，通过图 5-6 还可以看出，当缆长为 500m 时，缆张力的变化程度较为缓和，随着缆长的不断增加，缆张力变化的“尖锐”程度逐渐增大，这就意味着缆长的增加使得缆张力的“突变”程度逐渐加大，出现此现象的原因仍然考虑由吊缆非线性引起的外部激励的传播速度。由于考虑了吊缆的自重，缆长的增加使得吊缆自重引起的静张力逐渐增大，进而使得吊缆的伸长量增大，同一外部激励作用的实际缆长变小，即外部激励作用的“局部效应”增强，必然导致缆张力的“突变”程度变大。

图 5-7 给出了有义波高 3m、吊载为 10t、不同缆长时吊缆不同位置处的垂向位移响应，图 5-8 给出了相应吊载处的垂向位移响应。从图 5-7 中可以看出，吊缆不同位置处的垂向位移是不同的，图 5-8 显示 4500m 缆长时吊载处的位移幅值甚至可以达到 3m。当缆长较小时，垂向位移响应周期在整个吊缆中基本相同，位移峰值出现在外部激励附近，随着缆长的增加，吊缆不同位置处的响应周期逐渐增大，吊载处的周期明显低于外部激励附近位置，而垂向位移的峰值也逐渐向下移至吊载处，此两点可以在图 5-8 中明显看出来。这表明缆长的变化对吊缆垂向位移响应的幅值和周期都有很大影响，其原因仍为吊缆非线性引起的外部激励的传播作用。

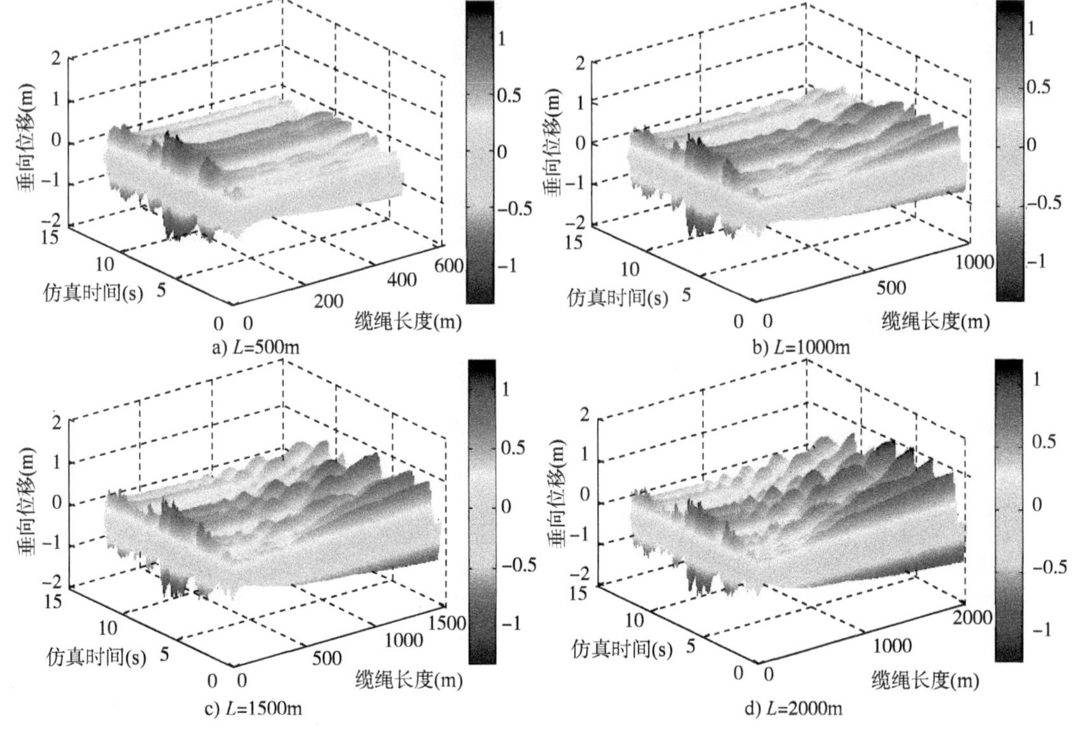

a) L=500m　b) L=1000m

c) L=1500m　d) L=2000m

图　5-7

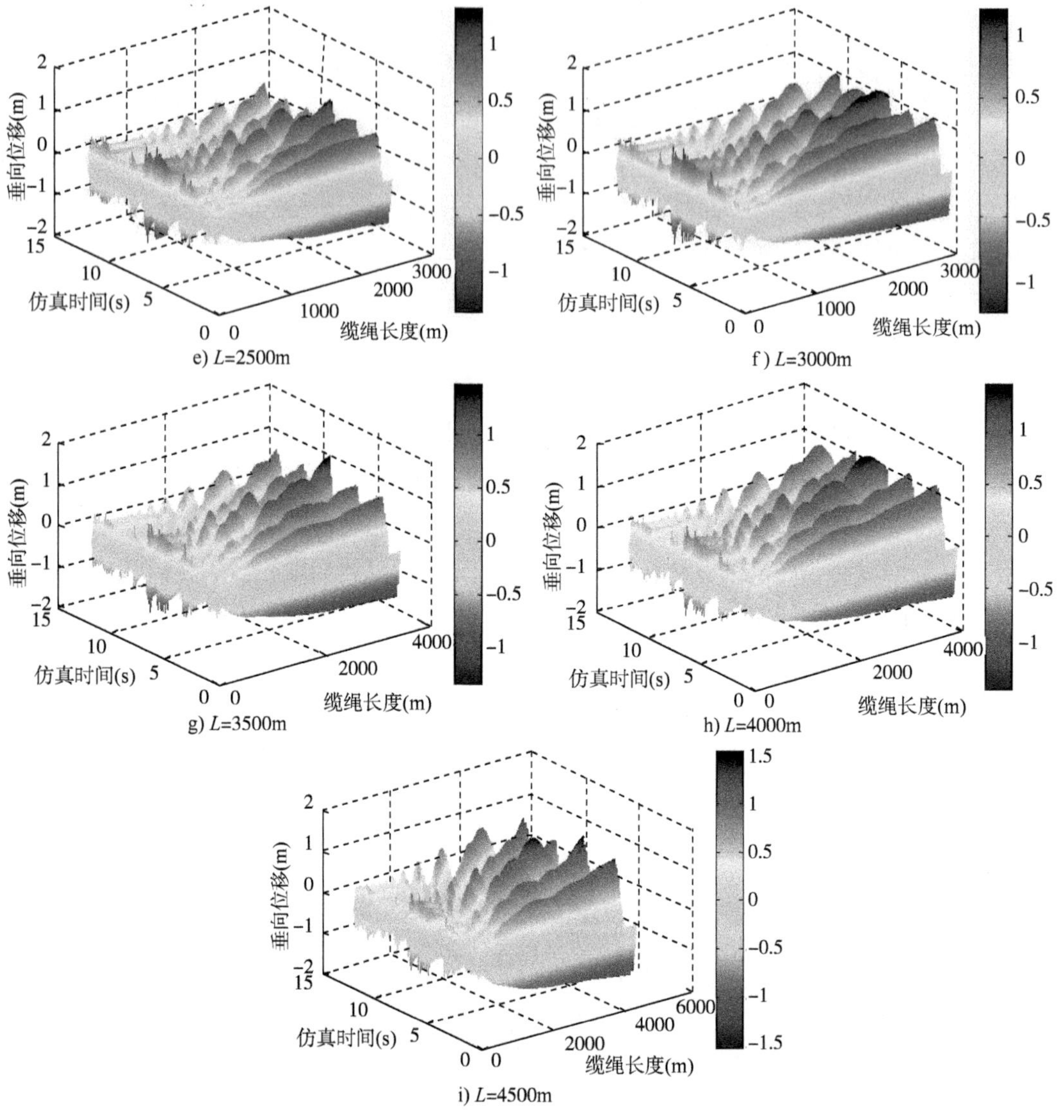

垂向位移(m)
仿真时间(s)
缆绳长度(m)
e) L=2500m
f) L=3000m
g) L=3500m
h) L=4000m
i) L=4500m

图 5-7　不同缆绳长度时的垂向位移变化

垂向位移(m)
仿真时间(s)
a) L=500m
b) L=1000m

图　5-8

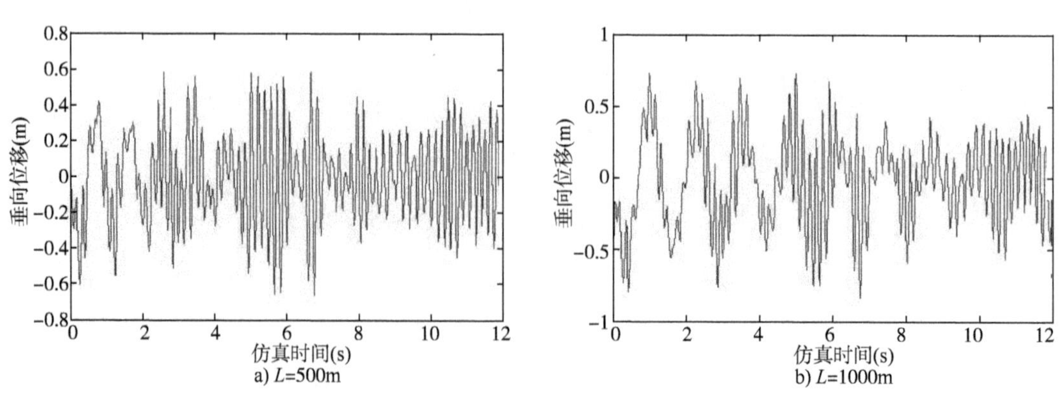

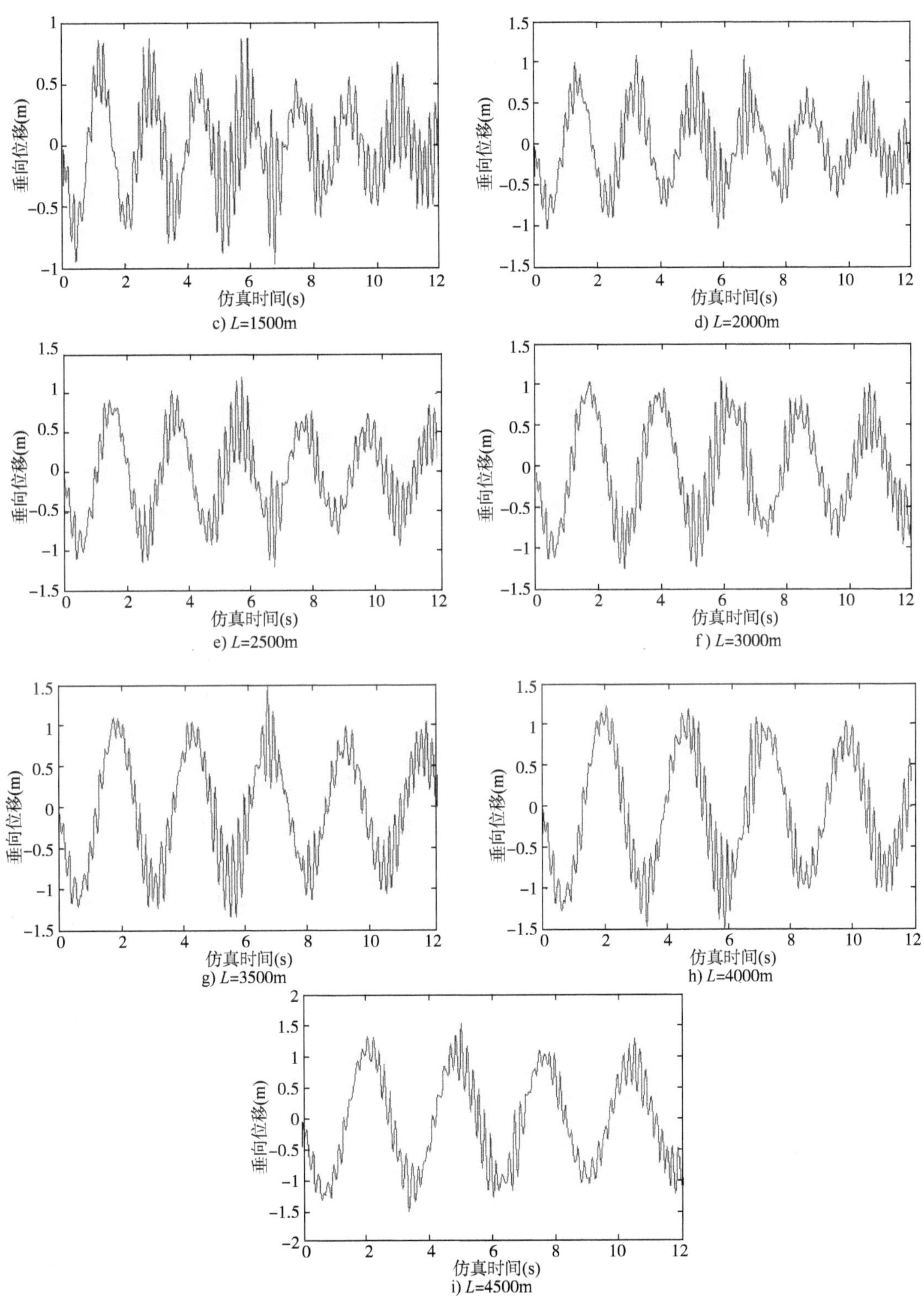

图 5-8　不同缆绳长度时吊载处的垂向位移

表 5-4～表 5-9 给出的是吊缆最大缆张力、吊载处位移幅值随有义波高、吊缆长度及吊载质量变化的计算结果，并绘制成图 5-9 和图 5-10 所示。由计算结果可以看出，相同外部激励作用同一缆长时，吊缆最大动张力和吊载处位移幅值的变化趋势相同，都是随吊载质量的增加而逐渐减小，原因是吊载质量增大了整个吊载系统的惯性，使得动张力与运动状态不易改变。由此可以看出，除了外部激励和吊缆自身参数外，吊载质量亦是影响吊缆力学性能与运动响应的重要因素之一。

$H_{1/3}$ = 0.5m 时吊缆计算结果 表 5-4

	吨位									
	10t		50t		100t		150t		200t	
缆绳长度（m）	最大动态缆张力（N）	吊载处位移幅值（m）	最大动态缆张力（N）	吊载处位移幅值（m）	最大动态缆张力（N）	吊载处位移幅值（m）	最大动态缆张力（N）	吊载处位移幅值（m）	最大动态缆张力（N）	吊载处位移幅值（m）
500	1311600	0.0976	1093500	0.0413	694230	0.0258	564290	0.0213	359740	0.0184
1000	1255300	0.1403	694240	0.0516	359740	0.0367	215550	0.0290	154970	0.0253
1500	1311600	0.1680	564270	0.0639	215550	0.0435	135940	0.0351	96587	0.0297
2000	1255300	0.1911	359730	0.0733	154970	0.0505	96586	0.0396	67364	0.0346
2500	1093400	0.2037	271750	0.0798	120310	0.0551	70893	0.0449	44347	0.0383
3000	924840	0.2065	215540	0.0869	96585	0.0594	57366	0.0484	45342	0.0423
3500	777280	0.2225	179820	0.0939	78689	0.0646	43660	0.0523	44029	0.0455
4000	690800	0.2299	154960	0.1007	67363	0.0690	45342	0.0564	40663	0.0490
4500	683340	0.243	135930	0.1051	57364	0.0726	44500	0.0596	36059	0.0518

$H_{1/3}$ = 1m 时吊缆计算结果 表 5-5

	吨位									
	10t		50t		100t		150t		200t	
缆绳长度（m）	最大动态缆张力（N）	吊载处位移幅值（m）	最大动态缆张力（N）	吊载处位移幅值（m）	最大动态缆张力（N）	吊载处位移幅值（m）	最大动态缆张力（N）	吊载处位移幅值（m）	最大动态缆张力（N）	吊载处位移幅值（m）
500	2954900	0.1537	1651300	0.0576	1097700	0.0385	759290	0.0298	510010	0.0270
1000	2944900	0.2033	1097700	0.0770	710000	0.0540	326000	0.0418	239100	0.0355
1500	2848100	0.2387	759270	0.0894	326000	0.0627	207930	0.0495	139900	0.0428
2000	2098200	0.2701	509990	0.1079	239100	0.0710	139900	0.0571	112280	0.0491
2500	1651100	0.2814	396200	0.1178	181500	0.0778	120590	0.0642	77622	0.0544
3000	1426000	0.2997	325990	0.1254	139890	0.0856	79725	0.0684	66933	0.0584
3500	1262800	0.3298	277000	0.1372	115900	0.0931	72422	0.0741	75365	0.0636
4000	1167600	0.3566	239090	0.1414	112280	0.0981	66932	0.0779	63516	0.0677
4500	1116500	0.3661	207920	0.1481	79722	0.1025	74508	0.0828	57071	0.0722

$H_{1/3}=1.25$m 时吊缆计算结果　　表 5-6

	吨位									
	10t		50t		100t		150t		200t	
缆绳长度（m）	最大动态缆张力（N）	吊载处位移幅值（m）	最大动态缆张力（N）	吊载处位移幅值（m）	最大动态缆张力（N）	吊载处位移幅值（m）	最大动态缆张力（N）	吊载处位移幅值（m）	最大动态缆张力（N）	吊载处位移幅值（m）
500	3828100	0.1675	1980500	0.0558	1191700	0.0367	833150	0.0278	595570	0.0251
1000	3828100	0.2017	1191700	0.0733	595560	0.0502	353330	0.0403	255030	0.0337
1500	3110300	0.2427	833120	0.0832	353330	0.0605	220610	0.0453	164790	0.0396
2000	2534300	0.2689	595550	0.1002	255020	0.0673	164790	0.0528	125190	0.0454
2500	1980100	0.2731	432380	0.1110	192000	0.0710	129170	0.0594	84723	0.0503
3000	1549900	0.3139	353310	0.1208	164780	0.0791	111580	0.0629	75915	0.0533
3500	1375700	0.3178	297650	0.1310	128520	0.0862	76673	0.0685	81600	0.0584
4000	1273100	0.3363	255010	0.1342	125190	0.0907	75916	0.0710	63285	0.0620
4500	1215600	0.3512	220600	0.1356	111580	0.0942	85119	0.0760	60399	0.0655

$H_{1/3}=2$m 时吊缆计算结果　　表 5-7

	吨位									
	10t		50t		100t		150t		200t	
缆绳长度（m）	最大动态缆张力（N）	吊载处位移幅值（m）	最大动态缆张力（N）	吊载处位移幅值（m）	最大动态缆张力（N）	吊载处位移幅值（m）	最大动态缆张力（N）	吊载处位移幅值（m）	最大动态缆张力（N）	吊载处位移幅值（m）
500	12802000	0.5904	9115300	0.2307	3459500	0.1575	1852900	0.127	1404300	0.1072
1000	10968000	0.7214	3459400	0.3148	1404300	0.2144	865400	0.169	628680	0.1482
1500	12802000	0.894	1852900	0.3805	865400	0.2534	560910	0.2051	436220	0.1784
2000	10968000	1.001	1404300	0.4284	628670	0.2961	436220	0.2379	364460	0.1998
2500	9113900	1.1246	1085000	0.4699	484720	0.326	387530	0.2591	343140	0.2295
3000	7309800	1.2107	865370	0.5063	436220	0.3567	340800	0.2858	317570	0.2501
3500	5902300	1.3413	720140	0.5512	408360	0.3865	339690	0.3151	274630	0.269
4000	4900300	1.3846	628640	0.5904	364450	0.3994	317570	0.3333	228800	0.2838
4500	4119600	1.4721	560900	0.615	340800	0.4284	286010	0.3538	194150	0.304

$H_{1/3}=2.5$m 时吊缆计算结果　　表 5-8

	吨位									
	10t		50t		100t		150t		200t	
缆绳长度（m）	最大动态缆张力（N）	吊载处位移幅值（m）	最大动态缆张力（N）	吊载处位移幅值（m）	最大动态缆张力（N）	吊载处位移幅值（m）	最大动态缆张力（N）	吊载处位移幅值（m）	最大动态缆张力（N）	吊载处位移幅值（m）
500	25815000	1.0581	21619000	0.4030	7973200	0.2668	4685200	0.2117	3113600	0.1877
1000	24823000	1.3278	7973100	0.5334	3113600	0.3752	1916600	0.279	1389900	0.2396
1500	25815000	1.4574	4685000	0.6348	1916600	0.4185	1216100	0.3487	912570	0.2985
2000	24823000	1.7321	3113500	0.7489	1389900	0.4791	912570	0.3979	710630	0.3466

续上表

	吨位									
	10t		50t		100t		150t		200t	
缆绳长度(m)	最大动态缆张力(N)	吊载处位移幅值(m)	最大动态缆张力(N)	吊载处位移幅值(m)	最大动态缆张力(N)	吊载处位移幅值(m)	最大动态缆张力(N)	吊载处位移幅值(m)	最大动态缆张力(N)	吊载处位移幅值(m)
2500	21615000	1.9888	2361700	0.8068	1092500	0.5469	725710	0.4422	574050	0.3717
3000	16586000	2.1896	1916500	0.8362	912570	0.5965	569740	0.4840	464380	0.4147
3500	12912000	2.1706	1594200	0.8940	734050	0.6447	543810	0.5083	458180	0.4418
4000	10849000	2.4384	1389800	0.9570	710620	0.6923	464380	0.5528	431270	0.4730
4500	9283300	2.5014	1216000	1.0423	569720	0.7252	448980	0.5811	370010	0.5021

$H_{1/3}$ = 3m 时吊缆计算结果 表 5-9

	吨位									
	10t		50t		100t		150t		200t	
缆绳长度(m)	最大动态缆张力(N)	吊载处位移幅值(m)	最大动态缆张力(N)	吊载处位移幅值(m)	最大动态缆张力(N)	吊载处位移幅值(m)	最大动态缆张力(N)	吊载处位移幅值(m)	最大动态缆张力(N)	吊载处位移幅值(m)
500	32032000	1.2747	28239000	0.4736	10718000	0.3255	6118600	0.2477	4190200	0.2148
1000	32032000	1.6141	10718000	0.6510	4190200	0.4296	2558800	0.3313	1898100	0.2769
1500	29515000	1.9146	6118500	0.7422	2558800	0.4967	1682100	0.3962	1225000	0.3482
2000	32032000	2.1670	4190000	0.8589	1898100	0.5536	1225000	0.4642	872510	0.4028
2500	28235000	2.4081	3154700	0.9727	1499400	0.6577	960650	0.5213	654600	0.4577
3000	22034000	2.3370	2558700	0.9915	1224900	0.6957	855970	0.5815	670260	0.4776
3500	16963000	2.8016	2180800	1.0978	1082300	0.7572	629550	0.6204	535270	0.5242
4000	14544000	2.7124	1898000	1.1054	872500	0.8045	670250	0.6365	552280	0.5521
4500	12387000	3.0520	1682000	1.1877	855950	0.8716	586420	0.6872	465770	0.5860

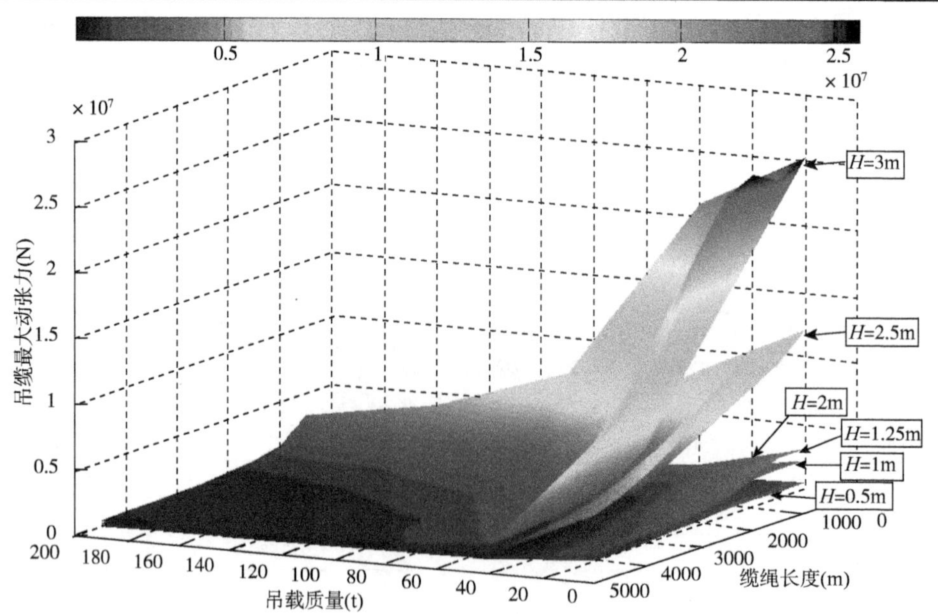

图 5-9 吊缆最大动张力

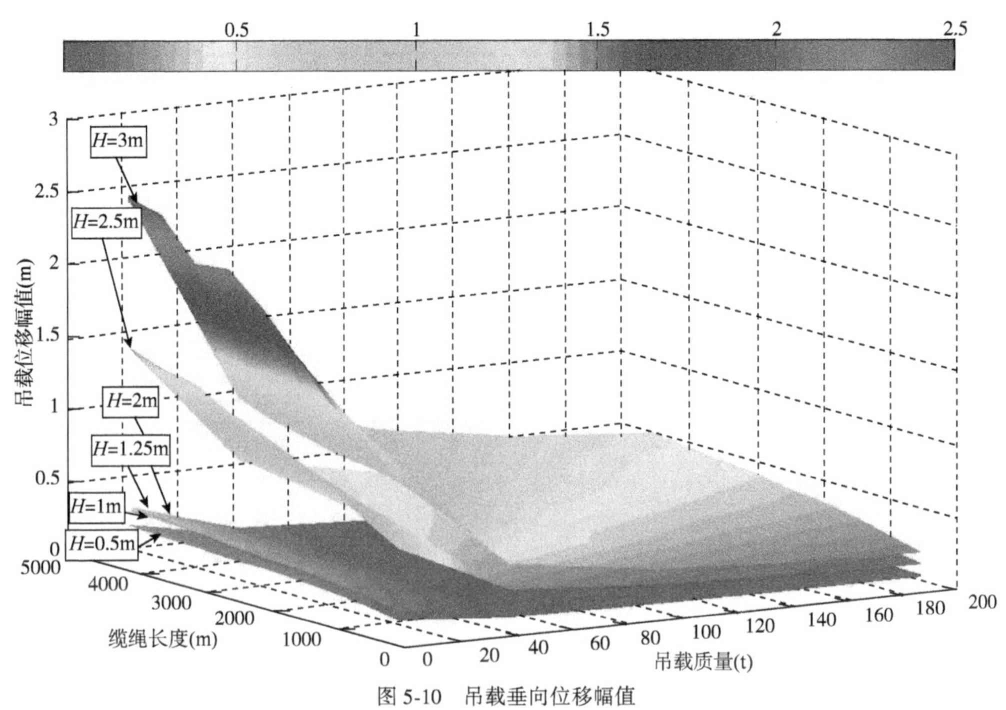

图 5-10 吊载垂向位移幅值

5.3.2 流作用时吊缆非线性运动响应

表 5-10～表 5-12 给出了吊缆最大动张力、吊载垂向位移幅值、吊载横向位移幅值随流速、缆长和吊载质量变化的计算结果，并绘制成图 5-11、图 5-12 和图 5-13 所示。由计算结果可以看出，吊缆最大动张力、吊载垂向位移幅值、吊载横向位移幅值随流速的增加而增大，且变化的过程类似于“波动”增加。图 5-11 显示，当流速一定时，缆长和吊载等因素对最大动张力的影响不大，计算结果基本一致，说明流速是影响吊缆动张力变化的一个重要因素。图 5-12 显示，缆长、吊载质量、流速皆是影响吊载垂向位移的因素，但是由计算结果可以看出，其最大量级维持在 10^{-2}m，与只有母船运动激励时的计算结果相比是个小量，可以忽略，即可以认为流作用时基本不影响吊载的垂向位移。由图 5-12 可以看出，同一缆长时，吊载质量的变化对吊载横向位移幅值的影响不大；吊载质量一定时，位移幅值随缆长的增加而增大，当流速 $U=1.5$m/s 时，吊载的横向位移幅值可达 1m 左右。由此可以看出，流速对吊缆垂向运动几乎没有影响，可以忽略不计，对最大动张力和横向运动的影响较大，因此在研究深水中吊缆的运动响应时，不可以忽略流的影响。

流速 $U=0.5$m/s 时吊缆计算结果 表 5-10

缆绳长度(m)	吨位								
	10t			100t			200t		
	最大动态缆张力(N)	吊载垂向位移幅值(m)	吊载横向位移幅值(m)	最大动态缆张力(N)	吊载垂向位移幅值(m)	吊载横向位移幅值(m)	最大动态缆张力(N)	吊载垂向位移幅值(m)	吊载横向位移幅值(m)
500	748.4882	0.000694	0.0132	854.7275	0.000982	0.0106	767.3874	0.000779	0.0118

续上表

缆绳长度（m）	吨位								
	10t			100t			200t		
	最大动态缆张力（N）	吊载垂向位移幅值（m）	吊载横向位移幅值（m）	最大动态缆张力（N）	吊载垂向位移幅值（m）	吊载横向位移幅值（m）	最大动态缆张力（N）	吊载垂向位移幅值（m）	吊载横向位移幅值（m）
1000	930.1467	0.0015	0.0335	760.7112	0.0012	0.0275	863.2377	0.0015	0.0229
1500	1177.4	0.0027	0.0712	962.7589	0.0026	0.0300	763.0363	0.002	0.0369
2000	1031.1	0.0048	0.0503	1280.7	0.0034	0.0369	914.675	0.0032	0.0408
2500	919.7264	0.0049	0.0499	983.4836	0.0034	0.0646	1056.6	0.0037	0.059
3000	1025.8	0.0066	0.0697	1035	0.0046	0.0650	859.7973	0.0038	0.0721
3500	1238	0.0057	0.0888	850.4206	0.0049	0.1156	766.6543	0.005	0.0752
4000	1032.9	0.0058	0.0986	966.6745	0.0066	0.0844	868.3802	0.005	0.1056
4500	1197.3	0.0088	0.1177	869.5132	0.0071	0.0961	739.5534	0.0062	0.0999

流速 U=1m/s 时吊缆计算结果 表 5-11

缆绳长度（m）	吨位								
	10t			100t			200t		
	最大动态缆张力（N）	吊载垂向位移幅值（m）	吊载横向位移幅值（m）	最大动态缆张力（N）	吊载垂向位移幅值（m）	吊载横向位移幅值（m）	最大动态缆张力（N）	吊载垂向位移幅值（m）	吊载横向位移幅值（m）
500	3646.7	0.0034	0.0753	2958.1	0.0029	0.0457	3336.6	0.0034	0.0420
1000	4756.3	0.008	0.1413	3876.1	0.009	0.0787	2651.6	0.0048	0.1106
1500	4850.6	0.0106	0.1852	3183.5	0.0079	0.1881	3434.7	0.0074	0.1795
2000	5105.9	0.0169	0.2166	3375.4	0.0131	0.1701	3445.2	0.0119	0.1689
2500	3894.7	0.0155	0.3216	3340.6	0.0141	0.2622	3211.8	0.0135	0.2297
3000	5234.7	0.0186	0.3417	3248.0	0.0199	0.2404	3819.0	0.0186	0.2455
3500	4893.9	0.0209	0.3840	4191.8	0.0187	0.3304	3057.3	0.0192	0.3130
4000	4796.8	0.0361	0.3095	3583.6	0.0255	0.3367	3263.2	0.0249	0.3218
4500	5361.2	0.0236	0.4941	3587.1	0.0258	0.4034	3450.1	0.0247	0.4109

流速 U=1.5m/s 时吊缆计算结果 表 5-12

缆绳长度（m）	吨位								
	10t			100t			200t		
	最大动态缆张力（N）	吊载垂向位移幅值（m）	吊载横向位移幅值（m）	最大动态缆张力（N）	吊载垂向位移幅值（m）	吊载横向位移幅值（m）	最大动态缆张力（N）	吊载垂向位移幅值（m）	吊载横向位移幅值（m）
500	8184.4	0.008	0.1214	8205.4	0.0088	0.0979	6524.1	0.006	0.1063

续上表

	吨位								
	10t			100t			200t		
缆绳长度（m）	最大动态缆张力（N）	吊载垂向位移幅值（m）	吊载横向位移幅值（m）	最大动态缆张力（N）	吊载垂向位移幅值（m）	吊载横向位移幅值（m）	最大动态缆张力（N）	吊载垂向位移幅值（m）	吊载横向位移幅值（m）
1000	9667.2	0.0174	0.243	8685.3	0.0144	0.2007	7980.4	0.0128	0.1916
1500	8851	0.0217	0.4183	7563.5	0.0168	0.3551	7384.3	0.0187	0.3508
2000	10874	0.0307	0.5073	9281.9	0.0429	0.3653	8419.3	0.0337	0.3631
2500	9406.9	0.0561	0.4516	7627.3	0.0339	0.4999	7024.8	0.0306	0.5491
3000	10899	0.0703	0.6321	8803.3	0.0385	0.6074	8222.2	0.0426	0.5590
3500	10547	0.0496	0.6887	8272.3	0.0483	0.6854	7010.6	0.0486	0.7187
4000	9613.6	0.0834	0.8544	8147.0	0.0513	0.7625	7156.7	0.0580	0.7449
4500	10095	0.0572	0.9500	8661.9	0.0552	0.9510	7039.4	0.0581	0.8727

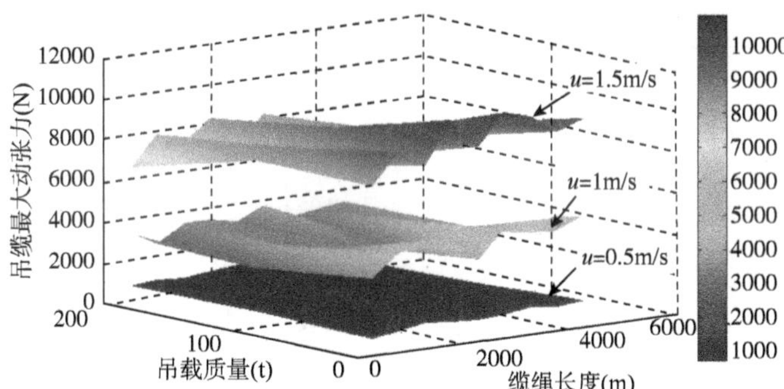

图 5-11　不同流速时吊缆最大动张力变化

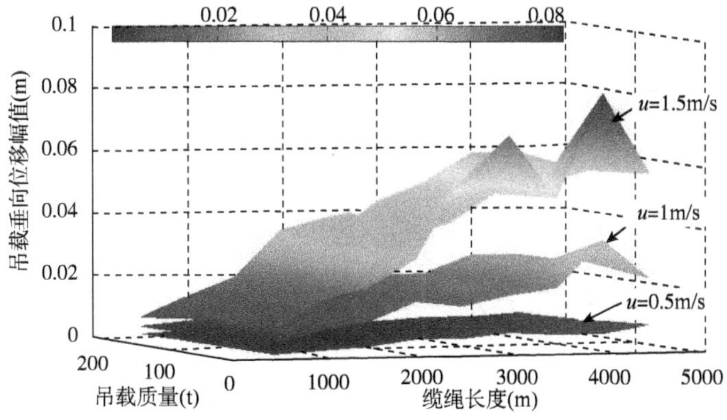

图 5-12　不同流速时吊载垂向位移变化

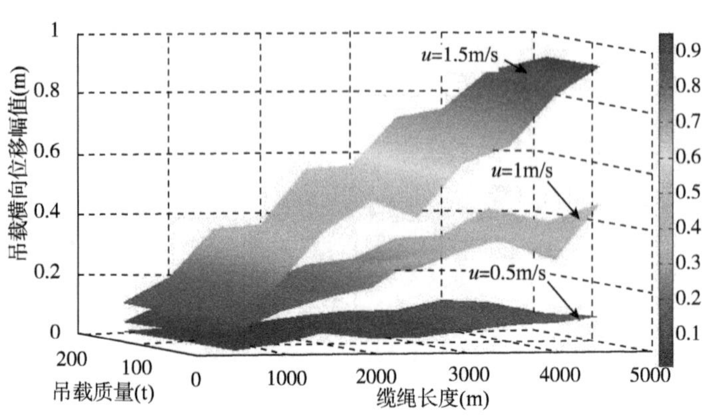

图 5-13　不同流速时吊载横向位移变化

为了更为清晰和形象地表示流对吊缆横向位移的影响，将不同流速、不同吊载时吊缆不同位置处的横向位移做成动态图，截取同一时刻缆长 4500m 时的动态图，如图 5-14 所示。由图中所示可以明显看出横向位移传播的“波动”过程，吊缆横向位移在同一流速下随吊载变化幅度并不是太明显，随着流速的增加，吊缆横向位移局部变化幅度逐渐增大。同一吊载不同流速时吊缆横向位移响应周期逐渐减小，这说明流速对吊缆横向位移响应较大。

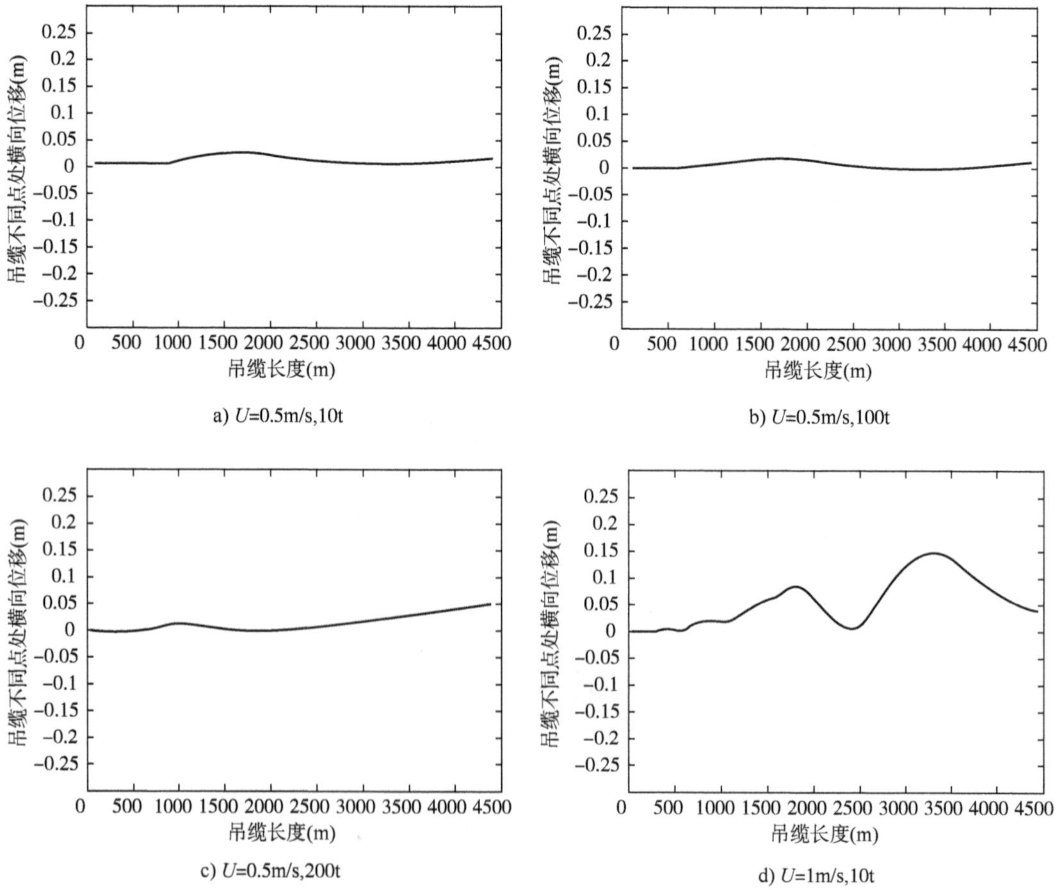

a) U=0.5m/s,10t

b) U=0.5m/s,100t

c) U=0.5m/s,200t

d) U=1m/s,10t

图　5-14

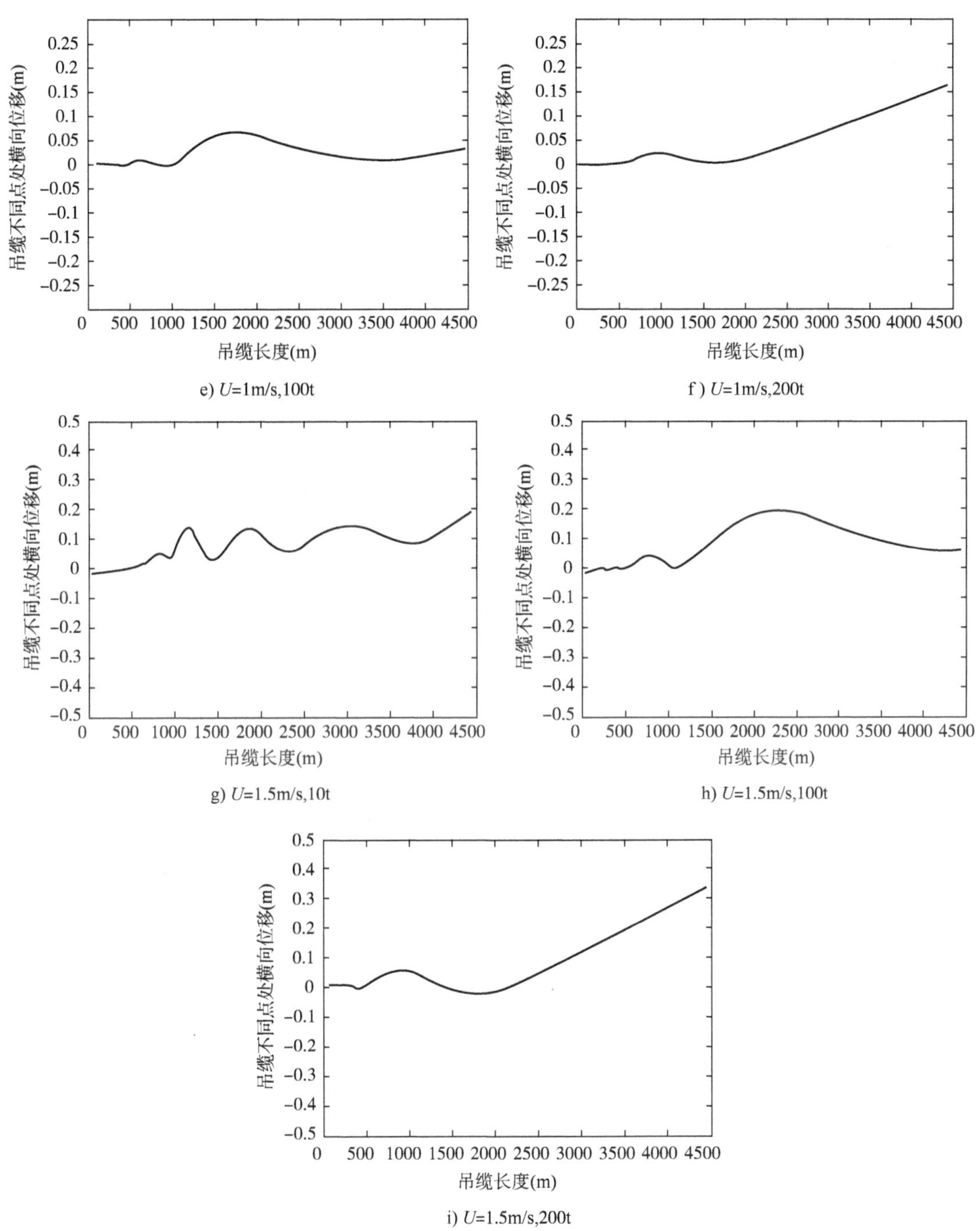

e) U=1m/s,100t

f) U=1m/s,200t

g) U=1.5m/s,10t

h) U=1.5m/s,100t

i) U=1.5m/s,200t

图 5-14　不同流速时吊载横向位移变化动态图

5.3.3　波浪作用时吊缆非线性运动响应

表 5-13 ~ 表 5-15 给出了吊缆最大动张力、吊载垂向位移幅值、吊载横向位移幅值随有义波

高、缆长和吊载质量变化的计算结果，将最大动张力变化绘成图 5-15，将垂向位移计算结果与母船单独作用时的计算绘制成图 5-16。由计算结果可以看出，有义波高的增大使得吊载最大缆张力增加，吊载质量和缆长的影响与母船单独作用时的趋势相同。与母船单独作用时的计算结果比较后发现，两者的计算结果非常接近，即波浪基本不影响吊缆动张力的变化。同时，吊载横向位移幅值的量级保持在 10^{-2}m 以内，与吊缆垂向运动相比是个相对较小的量，可以忽略不计。图 5-16中的线条表示的是母船运动作为激励时的垂向位移幅值，星号表示波浪作用时的垂向位移幅值，显而易见的是两者的结果是相同的，也就是说波浪不会对吊缆的垂向运动产生影响。由此可知，波浪的存在会影响工作母船的运动，但是对缆张力、吊缆的垂向运动和横向运动影响不大，因此在分析深水吊缆非线性运动时，可以不计及波浪对吊缆的单独作用。

$H_{1/3}$ = 1m 时吊缆计算结果 表 5-13

	吨位								
	10t			100t			200t		
缆绳长度(m)	最大动态缆张力(N)	吊载垂向位移幅值(m)	吊载横向位移幅值(m)	最大动态缆张力(N)	吊载垂向位移幅值(m)	吊载横向位移幅值(m)	最大动态缆张力(N)	吊载垂向位移幅值(m)	吊载横向位移幅值(m)
500	2955000	0.1535	0.000521	1097800	0.0386	0.000543	510050	0.027	0.000547
2000	2098400	0.2707	0.0021	239240	0.0713	0.0022	112480	0.0493	0.0022
3500	1263000	0.3294	0.0038	116040	0.0929	0.0039	75534	0.0634	0.0039
4500	1116700	0.3659	0.0049	79974	0.1026	0.0050	57314	0.0723	0.0050

$H_{1/3}$ = 2m 时吊缆计算结果 表 5-14

	吨位								
	10t			100t			200t		
缆绳长度(m)	最大动态缆张力(N)	吊载垂向位移幅值(m)	吊载横向位移幅值(m)	最大动态缆张力(N)	吊载垂向位移幅值(m)	吊载横向位移幅值(m)	最大动态缆张力(N)	吊载垂向位移幅值(m)	吊载横向位移幅值(m)
500	12802000	0.5901	0.0015	3459600	0.1576	0.0015	1404500	0.1073	0.0016
2000	10969000	1.0010	0.0061	629020	0.2964	0.0062	364880	0.1995	0.0063
3500	5902700	1.3413	0.0108	408730	0.3868	0.0109	275130	0.2695	0.0110
4500	4120000	1.4726	0.0139	340990	0.4278	0.0141	194620	0.3042	0.0141

$H_{1/3}$ = 3m 时吊缆计算结果 表 5-15

	吨位								
	10t			100t			200t		
缆绳长度(m)	最大动态缆张力(N)	吊载垂向位移幅值(m)	吊载横向位移幅值(m)	最大动态缆张力(N)	吊载垂向位移幅值(m)	吊载横向位移幅值(m)	最大动态缆张力(N)	吊载垂向位移幅值(m)	吊载横向位移幅值(m)
500	32033000	1.2746	0.0030	10718000	0.3254	0.0031	4190400	0.2147	0.0031
2000	32033000	2.1678	0.0122	1898600	0.5539	0.0125	873010	0.403	0.0125

续上表

缆绳长度（m）	吨位								
	10t			100t			200t		
	最大动态缆张力（N）	吊载垂向位移幅值（m）	吊载横向位移幅值（m）	最大动态缆张力（N）	吊载垂向位移幅值（m）	吊载横向位移幅值（m）	最大动态缆张力（N）	吊载垂向位移幅值（m）	吊载横向位移幅值（m）
3500	16963000	2.8016	0.0216	1082800	0.7575	0.0219	535990	0.5244	0.0220
4500	12388000	3.0517	0.0278	856550	0.8710	0.0282	466470	0.5849	0.0283

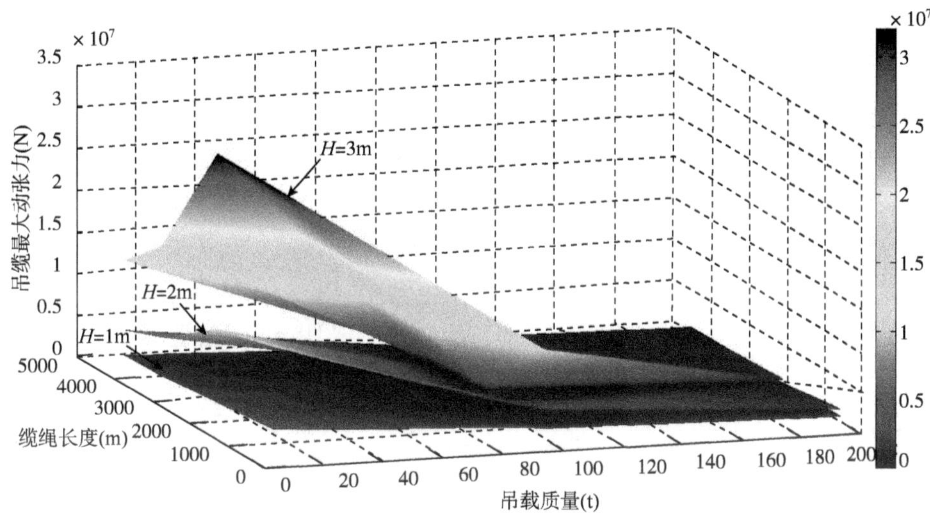

图 5-15　不同有义波高时吊缆最大动张力变化

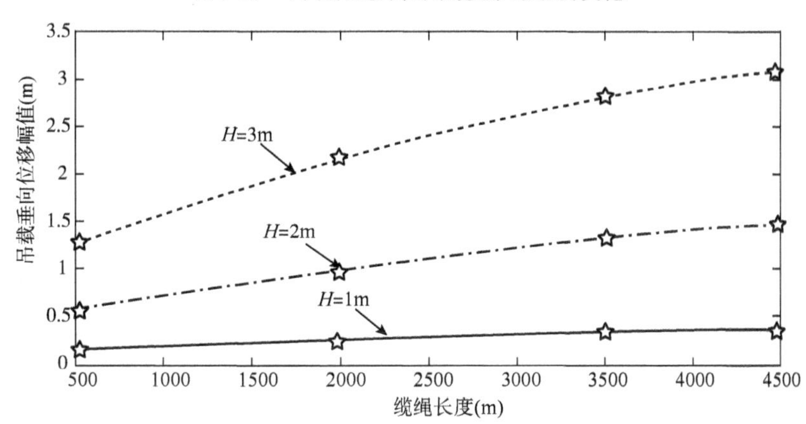

图 5-16　不同有义波高时吊载垂向位移变化

5.3.4　波流共同作用时吊缆非线性运动响应

采用公式(5-44)对吊缆最大动张力、吊载垂向位移幅值、吊载横向位移幅值随有义波高、流速、缆长和吊载质量变化进行计算，选取三种典型载荷时的计算结果列于表 5-16 ~表 5-18

中,并绘制成图 5-17 ~图 5-19。由计算结果可以看出,波流共同作用时吊缆最大动张力、吊载垂向位移幅值、吊载横向位移幅值在有义波高、流速、缆长和吊载质量等因素影响下的变化趋势,与波流单独作用时基本相同。与母船单独作用时的计算结果相比,吊缆最大动态缆张力和吊载垂向位移幅值的计算结果差别不大,而吊载横向位移幅值与流单独作用时也基本一致。由前述分析可知,波流联合作用极为复杂,其作用机理和作用效果难以准确探知和把握,计算时唯有经验公式可供参考,只能对波流作用效果进行简单的估算,因此波流共同作用时吊缆的力学性能和运动特征几乎与各自单独作用时的结果一样。总之,在未能准确把握波流的联合作用效果之前,且波浪的作用不是十分明显时,研究波流共同作用对吊缆非线性运动的影响,可以将各自作用时的结果叠加在一起进行估算。

$H_{1/3}=1\mathrm{m},U=0.5\mathrm{m/s}$ 时吊缆计算结果 表 5-16

	吨位								
	10t			100t			200t		
缆绳长度(m)	最大动态缆张力(N)	吊载垂向位移幅值(m)	吊载横向位移幅值(m)	最大动态缆张力(N)	吊载垂向位移幅值(m)	吊载横向位移幅值(m)	最大动态缆张力(N)	吊载垂向位移幅值(m)	吊载横向位移幅值(m)
500	2955000	0.1536	0.0221	1097800	0.0385	0.0118	510050	0.0273	0.0172
2000	2098400	0.272	0.0871	239250	0.0719	0.0582	112510	0.0498	0.046
3500	1263000	0.3281	0.0721	116060	0.0933	0.0765	75547	0.0637	0.0763
4500	1116800	0.3629	0.1201	79996	0.1038	0.1272	57364	0.0716	0.1029

$H_{1/3}=2\mathrm{m},U=1\mathrm{m/s}$ 时吊缆计算结果 表 5-17

	吨位								
	10t			100t			200t		
缆绳长度(m)	最大动态缆张力(N)	吊载垂向位移幅值(m)	吊载横向位移幅值(m)	最大动态缆张力(N)	吊载垂向位移幅值(m)	吊载横向位移幅值(m)	最大动态缆张力(N)	吊载垂向位移幅值(m)	吊载横向位移幅值(m)
500	12802000	0.5892	0.0623	3459600	0.1577	0.1577	1404500	0.1064	0.0461
2000	10969000	1.001	0.2829	629090	0.2956	0.2205	364960	0.2	0.165
3500	5902700	1.334	0.444	408780	0.3921	0.3921	275280	0.2745	0.3349
4500	4120100	1.4792	0.4244	341080	0.4248	0.3935	194780	0.3047	0.4415

$H_{1/3}=3\mathrm{m},U=1.5\mathrm{m/s}$ 时吊缆计算结果 表 5-18

	吨位								
	10t			100t			200t		
缆绳长度(m)	最大动态缆张力(N)	吊载垂向位移幅值(m)	吊载横向位移幅值(m)	最大动态缆张力(N)	吊载垂向位移幅值(m)	吊载横向位移幅值(m)	最大动态缆张力(N)	吊载垂向位移幅值(m)	吊载横向位移幅值(m)
500	32033000	1.2746	0.1968	10718000	0.3246	0.1166	4190400	0.2162	0.1347

续上表

	吨　　位								
	10t			100t			200t		
缆绳长度(m)	最大动态缆张力(N)	吊载垂向位移幅值(m)	吊载横向位移幅值(m)	最大动态缆张力(N)	吊载垂向位移幅值(m)	吊载横向位移幅值(m)	最大动态缆张力(N)	吊载垂向位移幅值(m)	吊载横向位移幅值(m)
2000	32033000	2.1686	0.3965	1898800	0.5646	0.3300	873260	0.4076	0.4709
3500	16964000	2.7740	0.977	1082900	0.7587	0.8407	536210	0.5314	0.7320
4500	12388000	3.0573	0.9222	857220	0.8627	0.8947	467160	0.5854	0.9304

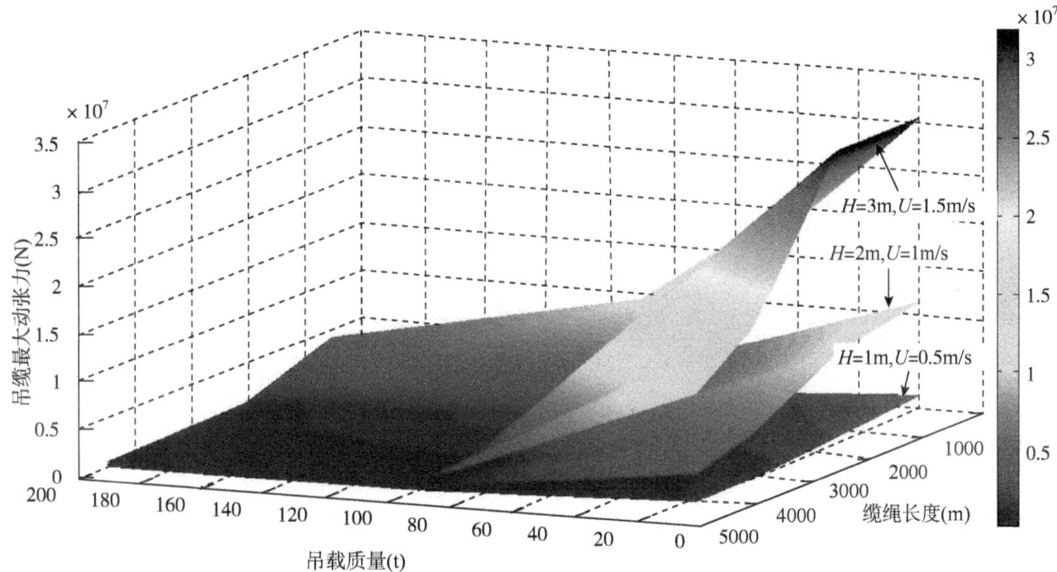

图 5-17　不同流速和有义波高时吊缆最大动张力变化

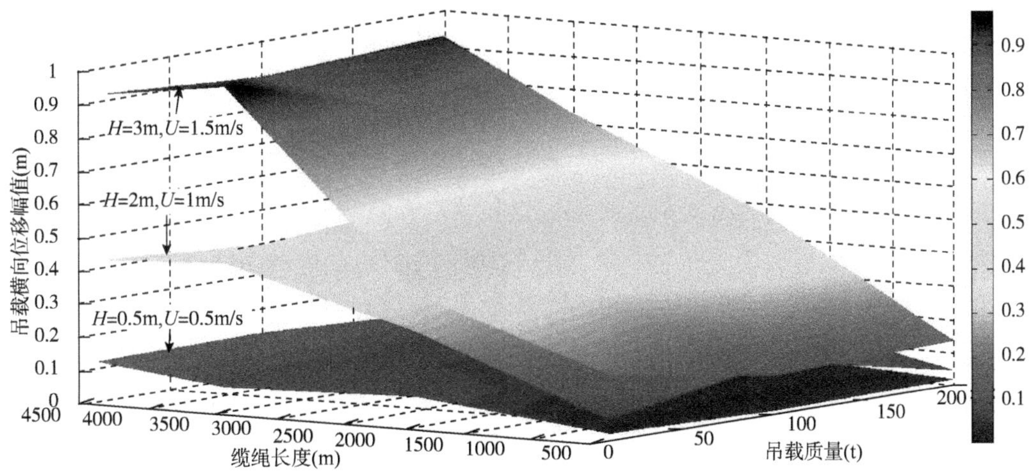

图 5-18　不同流速和有义波高时吊载横向位移幅值变化

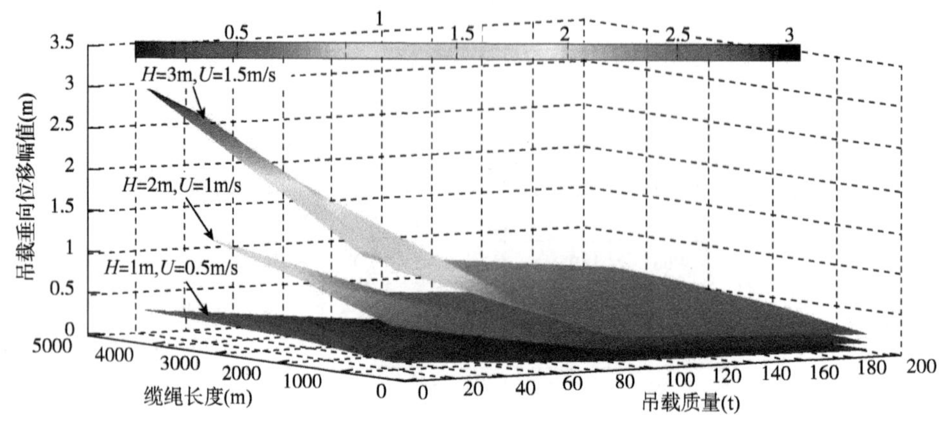

图 5-19　不同流速和有义波高时吊载垂向位移幅值变化

5.4　本章小结

波浪和流是影响缆索力学性能和运动特性的关键因素，为准确得到波流载荷对吊缆力学性能和运动特性的影响，以某深水吊装工作母船为研究对象，利用水动力计算软件 AQWA 计算得到吊点处在系泊状态时不同有义波高下的升沉运动响应时历作为吊缆的外部激励，分别针对吊载为 10t、50t、100t、150t、200t 时吊缆在不同有义波高、不同缆绳长度时的动态缆张力、吊缆的垂向位移及吊载处的垂向位移幅值进行计算，结果发现，同一缆绳长度时吊缆动态缆张力的最大值不是吊点处，而是在靠近吊点的位置处。随着缆长的不断增加，最大动态缆张力的数值呈现逐渐减小的趋势，缆张力变化的“尖锐”程度逐渐增大，分析其原因为缆长的增加使得外部激励作用的“局部效应”增强。缆长的变化对吊缆垂向位移响应的幅值和周期都有很大影响，其原因是为吊缆非线性引起的外部激励的传播作用。

认为缆索在海流中受到的流体拖曳阻力是定常的，选取 0.5m/s、1m/s 和 1.5m/s 为典型计算流速时法向和切向的拖曳阻力，给出了流单独作用时吊缆最大动张力、吊载垂向位移幅值、吊载横向位移幅值随流速、缆长和吊载质量变化的计算结果，计算结果表明吊缆最大动张力、吊载垂向位移幅值、吊载横向位移幅值随流速的增加而增大，且变化的过程“波动”增加。同一缆长时，吊载质量的变化对吊载横向位移幅值的影响不大；吊载质量一定时，横向位移幅值随缆长的增加而增大，而流速对吊缆垂向运动几乎没有影响，可以忽略不计，故在研究流的作用效果时，仅考察流对吊缆缆张力及横向位移的影响。

利用 Morison 计算波浪力的谱分析方法，推导出了总波力谱和总波力的计算公式，选取 ITTC 规定的标准波浪谱 Pierson-Moscowitz（P-M 谱）作为靶谱计算得到不同有义波高时吊缆受到的波浪力，给出了吊缆最大动张力、吊载垂向位移幅值、吊载横向位移幅值随有义波高、缆长和吊载质量变化的计算结果，与母船单独作用时的计算结果比较后发现，两者的计算结果非常接近，波浪的存在会影响工作母船的运动，但是对缆张力、吊缆的垂向运动和横向运动影响不大，因此在分析深水吊缆非线性运动时，可以不计及波浪对吊缆的单独作用。

考虑到波流联合作用极为复杂,其作用机理和作用效果难以准确探知和把握,给出了计算波流联合作用的经验公式,为便于比较,选取三种典型载荷时的计算结果,结果表明,波流共同作用时吊缆最大动张力、吊载垂向位移幅值、吊载横向位移幅值在有义波高、流速、缆长和吊载质量等因素影响下的变化趋势,与波流单独作用时基本相同。因此,在未能准确把握波流的联合作用效果之前,且波浪的作用不是十分明显时,研究波流共同作用对吊缆非线性运动的影响,可以将各自作用时的结果叠加在一起进行估算。因此,研究波流对吊缆非线性运动的响应,可为相关领域的研究提供一定的理论参考。

第6章　深水吊缆非线性运动控制系统研究

6.1　概　　述

深水吊装作业过程中,由工作母船运动和波流载荷引起的吊缆非线性运动,特别是吊载处的垂向位移是影响吊载吊放方案、水下安装工艺及施工作业效率的关键因素,研究开发具有升沉补偿功能的系统——主动升沉补偿系统(Active Heave Compensation System)可有效控制吊载处的升沉运动,最大限度地降低吊缆升沉运动对整个施工过程的影响,以提高水下施工尤其是深水作业的安全性、高效性和可靠性。

主动升沉补偿系统主要是由四个单元组成,分别是运动计算单元、控制单元、液压驱动单元和机械执行单元,如图6-1所示[111-113]。其中运动计算单元为控制单元提供母船及吊载的升沉运动和吊缆张力信号;控制单元是补偿系统的核心,通过一定的控制算法将输入的主控信号、母船升沉运动信号及吊载升沉反馈信号带入计算,得到输出信号,实现对液压驱动单元的控制;液压驱动单元是连接控制单元与执行单元的桥梁,为控制单元信号的执行与实现提供动力;机械执行单元是实现吊缆非线性运动控制的最终执行机构。

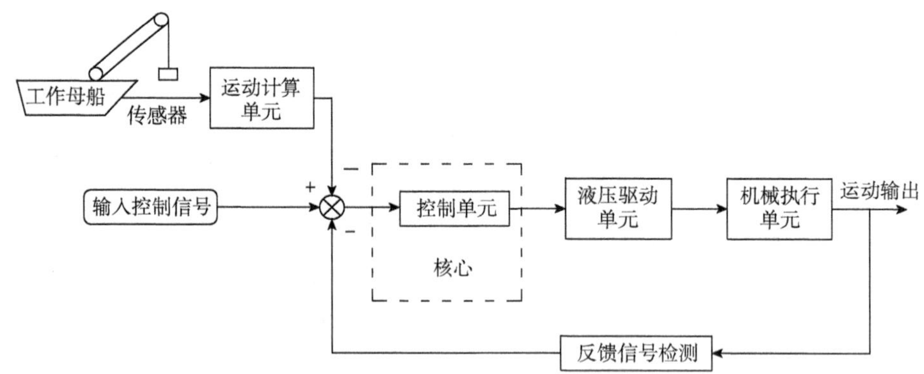

图6-1　主动式升沉补偿系统结构组成

主动升沉补偿系统实现对吊缆非线性运动的控制主要是靠四个单元协同合作完成的,其基本工作原理为[114]:运动计算单元将检测到的所有信号,包括工作母船升沉运动信号、吊载的实时速度信号、吊缆的实时张力信号等,结合输入的主控信号,作数学运算后形成控制单元的输入信号,传递到控制单元,控制系统经过控制器的运算处理后得到控制信号作用于液压驱动单元,通过改变液压驱动单元构件的运动方向,最终由机械执行机构完成对吊缆的运动控制。

因此,在掌握母船及吊载升沉运动信号和吊缆张力信号的基础之上,对吊缆非线性运动控制系统的设计应包括控制模型的建立、控制算法的选择及控制效果的实现等。

6.2　吊缆非线性运动控制系统数学模型

6.2.1　基本假设

吊缆非线性运动控制系统即主动升沉补偿系统结构组成庞大复杂，难以建立精确的数学模型，为便于建立主动升沉补偿系统的数学模型，在满足工程需要和实际应用的基础上，做如下假定[115]：

(1)忽略液压单元油管、油箱对系统建模的影响；

(2)忽略液压元件之间的耦合作用；

(3)液压元件视为理想工作状态；

(4)忽略机械执行机构的摩擦阻力。

6.2.2　液压驱动单元建模

由于吊载的非线性运动导致主动升沉补偿系统工作过程消耗的能量很大，因此在进行液压驱动单元的设计时，需选用比传统液压驱动系统效率更高、节能效果更好的系统，同时顾及控制过程的灵活性和可靠性，液压二次静液调节驱动系统成为最佳选择。完整的液压二次调节传动系统由恒压变量泵、蓄能器、伺服阀、变量液压缸及液压马达/泵组成，如图 6-2 所示[116]。其中恒压变量泵与蓄能器构成二次调节单元的恒压油源，伺服阀、变量液压缸及液压马达/泵构成二次元件。

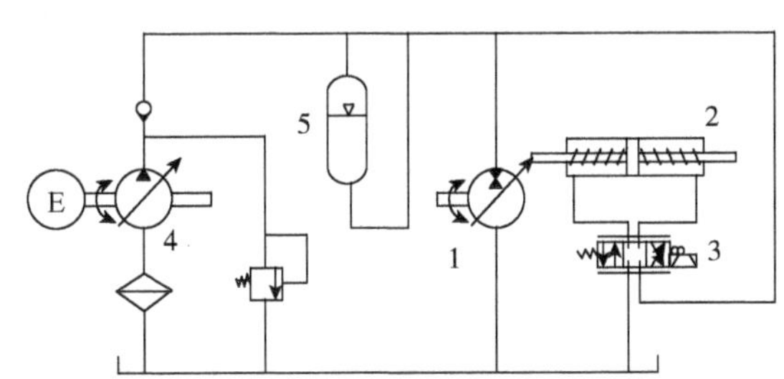

图 6-2　液压二次调节单元系统组成

1-液压马达/泵；2-变量液压缸；3-电液伺服阀；4-恒压变量泵；5-蓄能器

6.2.2.1　液压二次调节系统原理与特点

二次调节驱动系统适用于惯性负载系统，所谓惯性负载系统是指具有一定质量的负载，在机械执行机构的驱动下处于旋转运动或者直线运动具有一定动能的负载系统。二次调节系统通过调节二次元件的排量进行功率匹配，系统中的压力基本不变，二次元件直接与恒压油源相连，因此在系统中没有原理性节流损失，节约大量的能量。另外，由于蓄能器的加入，不但可以较好地抑制压力限制元件发热所引起的功率损耗，而且还通过回收、释放液压有效提高系统的工作效率。

液压二次调节系统工作原理如下[117]：

(1)恒压变量泵与液压蓄能器组成了恒压油源，此处忽略液压马达/泵对恒压油源工作压力的影响，即恒压油源处于理想工作状态，提供稳定恒压。

(2)液压马达/泵工作于恒压油源，其工作压力恒定不变，可通过调节液压马达/泵的排量来适应负载转矩或转速的变化。液压马达/泵一般选用轴向柱塞变量泵，可通过调节其内部的斜盘倾角大小来控制液压马达/泵的排量。

(3)液压马达/泵内置斜盘与变量液压缸的液压杆相连，液压杆的左右移动会改变斜盘倾角；变量液压缸通过电液伺服控制，电液伺服阀的开口大小与方向由控制器控制；为提高液压马达/泵性能，其内部设置反馈控制回路，利用转速传感器检测液压马达/泵转速作为反馈信号，传送给控制器进行控制。

液压二次调节系统不同于液压传动系统，它的主要特点如下[116-117]：

(1)二次调节液压传动恒压油源状态，使系统的液压时间常数对系统的动态性能影响减小，同时二次元件直接联通于恒压油源，减少了系统流量损失，极大提高了二次调节系统的工作效率。

(2)采用完全可逆的液压马达/泵元件，使二次调节单元在开式回路中就可以在四个象限内工作，即可以作为“马达”使用，也可以作为“泵”使用。当二次元件当作“泵”使用时，可通过流量的反向流动进行能量回收，被回收的能量由蓄能器储存，供下次驱动负载时使用，从而降低了整个系统的能量消耗，达到节能目的。

(3)与供电系统一样，二次元件工作于恒压网络，可以并联多个负载，负载之间压力互不影响且恒等于恒压油源压力，在每个负载上可以实现不同目的的控制。

6.2.2.2 二次元件数学建模

对于主动升沉补偿系统，控制单元的动态响应性能主要与二次元件有关，故只对工作于恒压油源下的二次元件进行数学建模与仿真[115-117]。

1)电液伺服阀

电液伺服阀的数学模型根据不同的系统组成可以有不同的形式，在对电液伺服阀的数学模型进行简化、合并、线性化后，可将电液伺服阀的传递函数用二阶振荡模型来表示，即：

$$G_v(s)=\frac{Q_v(s)}{I(s)}=\frac{K_v}{\frac{1}{\omega_v^2}s^2+\frac{2\xi_v}{\omega_v}+1} \tag{6-1}$$

式中，$Q_v(s)$为伺服阀输出流量(m^3/s)；I为伺服阀输入电流(A)；K_v为伺服阀流量增益[$m^3/(s\cdot A)$]；ω_v为伺服阀固有频率(rad/s)；ξ_v为电液伺服阀阻尼比。

对于主动升沉补偿系统，二次元件中电液伺服阀自身固有频率远大于补偿系统的频率，故其传递函数可以简化为如下比例环节：

$$G_v(s)=\frac{Q_v(s)}{I(s)}=K_v \tag{6-2}$$

式中，K_v 为伺服阀流量增益[$m^3/(s \cdot A)$]。

2）变量液压缸

变量液压缸连续性方程：

$$q_v = AsY + \left(C_{tc} + \frac{V_t}{\beta_e}s\right)p_L \tag{6-3}$$

式中，q_v 为变量液压缸流量(m^3/s)；A 为变量液压缸有效作用面积(m^2)；Y 为变量液压缸内部活塞位移(m)；C_{tc}为变量液压缸的泄漏系数[$(m \cdot N)/s$]；p_L 为变量液压缸两腔压力差(N/m^2)；V_t 为变量液压缸两腔总容积(m^3)；β_e 为液压油体积弹性模量(N/m^2)。

变量液压缸力平衡方程：

$$Ap_L = (ms^2 + B_c s + K_1)Y + F_{SE} \tag{6-4}$$

式中，m 为变量液压缸活塞质量(kg)；B_c 为变量液压缸阻尼系数[$N/(m \cdot s)$]；K_1 为变量液压缸弹簧等效刚度(N/m)；F_{SE}为活塞和斜盘之间作用力。

3）液压马达/泵

变量液压缸活塞与斜盘之间力平衡方程：

$$F_{SE} = \left(\frac{J_s}{L_s^2}s^2 + \frac{B_s}{L_s^2}s + \frac{K_s}{L_s^2}\right)Y \tag{6-5}$$

式中，J_s 为斜盘转动惯量($kg \cdot m^2$)；L_s 为斜盘转动中心到变量液压缸距离(m)；B_s 为斜盘转动相当黏滞阻尼系数[$N/(m \cdot s)$]；K_s 为斜盘转角相当弹性系数(N/m)。

液压马达/泵排量方程：

$$V_2 = \frac{V_{2\max}}{Y_{\max}} \quad Y = \frac{V_{2\max}}{\alpha_{\max}}\alpha \tag{6-6}$$

式中，V_2 为液压马达/泵排量(m^3/rad)；$V_{2\max}$为液压马达/泵最大排量(m^3/rad)；$Y_{\max}$为变量液压缸活塞最大位移(m)；$\alpha_{\max}$为变量斜盘最大摆动角度(°)；α 为变量斜盘摆动角度(°)。

液压马达/泵力矩平衡方程：

$$M_2 = p_0 V_2 = J_2 s^2 \ddot{\varphi} + R_H s\dot{\varphi} - M_L \tag{6-7}$$

式中，M_2 为液压马达/泵转矩($N \cdot m$)；p_0 为恒压网络压力($N \cdot m^2$)；J_2 为液压马达/泵的转动惯量($kg \cdot m^2$)；φ 为液压马达/泵转角(rad)；R_H 为液压马达/泵阻尼系数[$(N \cdot m \cdot s)/rad$]；M_L 为负载转矩($N \cdot m$)。

6.2.3　机械执行单元数学建模

机械执行机构由液压驱动系统驱动进行转动，带动吊载以不同的转速和转向进行转动，主要由变速器、滑轮组、吊缆以及绞车等组成。本文选取的是多级行星齿轮变速器，示意图如图 6-3 所示[118-119]：

本齿轮变速器采取的是 NGW 型的行星轮系，图 6-4 为其组成示意图。其中，a 为太阳轮；b 为内齿圈；c 为行星轮；H 为行星架，与卷筒相连。

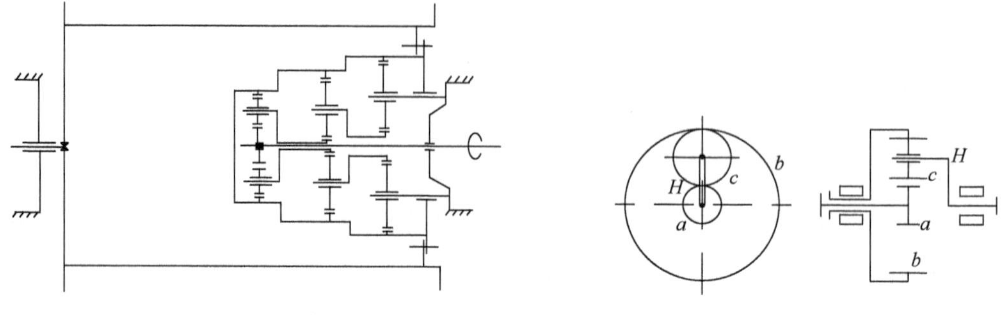

图 6-3　多级行星齿轮减速器示意图　　　图 6-4　*NWG* 型行星轮系示意图

设 a、b、H 的齿数分别为 z_a、z_b 和 z_H，其各自的转速分别为 n_a、n_b 和 n_H，三者组成的齿轮变速器的传动比为 u_0，有如下关系式：

$$i_{ab}^{H}=\frac{n_a-n_H}{n_b-n_H}=-\frac{z_b}{z_a}=-u_0 \tag{6-8}$$

由式(6-8)得到：

$$n_H=\frac{1}{1+u_0}n_a-\frac{u_0}{1+u_0}n_b \tag{6-9}$$

所以内齿圈固定($n_b=0$)时的传动比为：

$$i=\frac{n_a}{n_H}=1+u_0 \tag{6-10}$$

因此可以把机械执行部分的模型看作一个比例环节：

$$G=\frac{V_m}{\dot{\varphi}}=\frac{V_m}{\dot{\theta}_w}\cdot\frac{\dot{\theta}_w}{\dot{\varphi}}=\frac{r}{i} \tag{6-11}$$

式中，r 为卷筒半径；i 为变速器的传动比。

6.2.4　整体控制模型建立

根据前述所建立的二次调节单元及机械执行单元数学模型，忽略伺服放大器、传感器等比例元件的影响，初步建立主动升沉补偿整体控制模型，如图 6-5 所示。

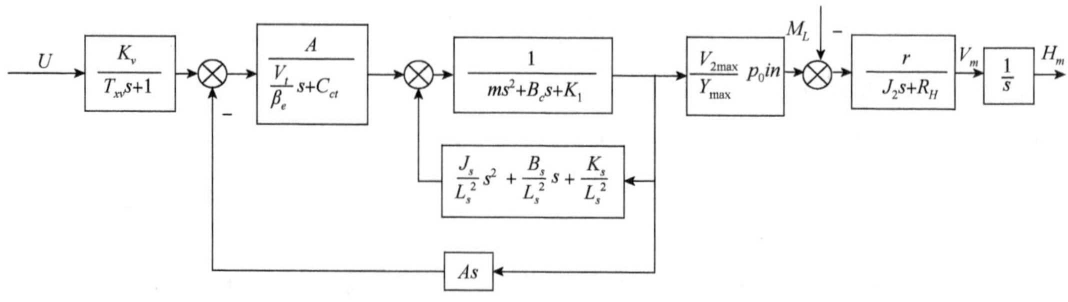

图 6-5　控制系统模型框图

在满足工程应用的前提下，为了方便，在合理的条件下对图 6-5 所示的系统模型进行简化：由式(6-5)，结合实际应用中柱塞以及斜盘等的实际质量可知，F_{SE}是一个小量，故不计其作用；驱动装置收放吊载过程的固有频率是很低的，故忽略不计变量油缸的二阶项；活塞质量 m 很小，变量液压缸的弹簧等效刚度 K_1 很大，变量液压缸的腔总容积 K_1 相对较小，可以把液压缸环节视为一个比例积分环节；如图 6-6 所示，在 MATLAB/Simulink 软件平台上搭建的控制系统仿真框图。

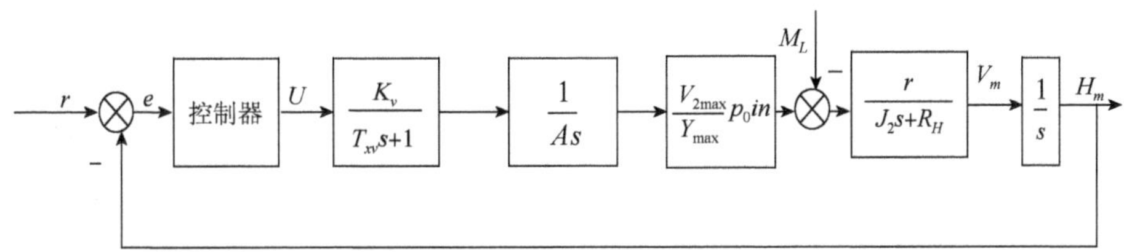

图 6-6　控制系统仿真框图

6.2.5　系统设备技术参数的确定

根据吊缆运动特性及控制要求，通过查阅相关资料[119]，得到了系统各设备的计算参数：

(1)电液伺服阀：流量系数 $K_v=6.76\times10^{-4}(m^3/s)/A$；动态响应时间 $T_{xv}=0.6s$；

(2)变量液压缸：面积 $A=5.03\times10^{-3}m^2$；活塞最大位移范围 $Y=\pm0.144m$；

(3)液压马达/泵：最大排量 $V_{2max}=5.65\times10^{-5}m^3/rad$；

(4)恒压油源压力值：$p_0=31.5MPa$；

(5)液压马达/泵阻尼系数 $R_H=0.05(N\cdot m\cdot s)/rad$；

(6)液压马达/泵转动轴的总转动惯量 $J_2=384000kg\cdot m^2$(把绞车等外载折合上之后)；传动比 $i=200$；液压马达/泵数目 $n=18$；

(7)卷筒上缠绕第 9 层起重吊绳处的卷筒半径 $r=R_L=2.1m$。

6.3　广义预测控制算法原理

由前述章节可知，吊缆在外部激励下的运动响应存在较强的非线性和时滞现象，采取常规的 PID 控制方法并不能达到良好的控制效果，尤其是主动升沉补偿系统自身时滞的存在，使得控制系统的控制难度大幅增加，甚至会引起系统的严重震荡，因此采取合适的控制理论和算法对整个控制系统的设计至关重要。根据吊缆的运动特性和主动升沉补偿的工作特点，并考虑控制过程的灵活性、快速性和准确性，选取基于广义预测控制原理的算法进行控制系统的设计[120]。

广义预测控制(GPC)是一种鲁棒性强、能够有效地克服系统滞后、可应用于开环不稳定非最小相位系统的先进控制算法，由预测模型、滚动优化和反馈校正三个模块组成，接下来对各模块的基本原理进行介绍。

6.3.1 预测模型

广义预测控制所采取的模型称为预测模型,预测模型可以利用过去的系统输出已知数据对系统的未来输出行为做出预测。广义预测控制采用 CARIMA(Controlled Auto-Regressive Integrated Moving-Average)模型作为预测模型,其数学表达式如下:

$$A(z^{-1})y(k)=z^{-d}B(z^{-1})u(k)+\frac{\xi(k)}{\Delta} \tag{6-12}$$

式中,$A(z^{-1})=1+a_1z^{-1}+a_2z^{-2}+\cdots+a_{n_a}z^{-n_a}$;$B(z^{-1})=b_0+b_1z^{-1}+\cdots+b_{n_b}z^{-n_b}$;$\Delta=1-z^{-1}$表示积分因子;$y(k)$为系统对控制输入的响应值;$u(k)$为控制输入信号;$\xi(k)$代表噪声干扰,在这里表示吊载的干扰;$d$ 为时滞时间,在这里,令 $d=1$,即可以看作将时滞包含在 $B(z^{-1})$。

6.3.2 滚动优化

广义预测控制本质上是一种优化控制,在时刻 $t=k$,根据预测模型,得出系统未来 $j=1,2,\cdots,N_1$ 步时的输出值,然后选择一条参考迹线,在预测输出值沿着参考迹线到达指定值过程中,求解出使预测输出值和参考迹线相同时刻对应的节点间的方差最小时的一组控制指令,理想情况下将计算得到的这组控制命令逐一施加给被控对象时,系统响应应能最逼近地沿着设定的参考迹线抵达指定值。但是由于外界干扰以及系统参数时变等原因,当对被控对象施加上述计算得到的控制命令时,系统并不一定能够抵达指定值,于是在实际应用中,不是把所有的控制命令全部逐一施加,而是只施加控制指令序列中的第一个指令,到了下一刻,即时刻 $t=k+1$,再按照上述方法计算新的一组控制指令,依旧只把第一个控制量施加于被控对象,如此反复地向前推进实施实时的在线局部优化控制,这就是滚动优化的过程,其示意图如图 6-7 所示[121-125]。

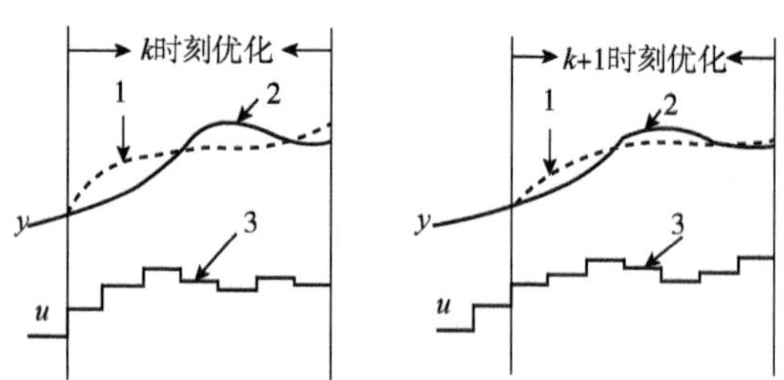

图 6-7　滚动优化示意图

1-参考迹线;2-跟踪输出迹线;3-控制指令

1)参考轨迹

预测控制是通过对被控对象施加指令,让其沿参考迹线到达指定目标值。参考迹线一般选用如下的方程形式:

$$w(k+j)=\alpha^j y(k)+(1-\alpha^j)y_r \tag{6-13}$$

式中,$j=1,2\cdots,N_1$ 为预测步数;y_r 为设定值;$y(k)$ 为 k 时刻系统实际输出值;$w(k+j)$ 为

$k+j$时刻的参考轨迹值;α 为柔化系数,一般取 $0<\alpha<1$。

2)预测输出

为了预测提前 j 步时的系统输出,引进如下形式的 Dioaphantine 方程:

$$1 = E_j(z^{-1})A(z^{-1})\Delta + z^{-j}F_j(z^{-1}) \tag{6-14}$$

$$E_j(z^{-1})B(z^{-1}) = G_j(z^{-1}) + z^{-j}H_j(z^{-1}) \tag{6-15}$$

式中:

$$E_j(z^{-1}) = e_0^j + e_1^j z^{-1} + \cdots + e_{j-1}^j z^{-j+1}(e_0^j = 1)$$

$$F_j(z^{-1}) = f_0^j + f_1^j z^{-1} + \cdots + f_{n_a}^j z^{-n_a}$$

$$G_j(z^{-1}) = g_0 + g_1 z^{-1} + \cdots + g_{j-1} z^{-j+1}$$

$$H_j(z^{-1}) = h_0^j + h_1^j z^{-1} + \cdots + h_{n_b-1}^j z^{-n_b+1}$$

其中,$E_j(z^{-1})$、$F_j(z^{-1})$、$G_j(z^{-1})$、$H_j(z^{-1})$均由模型参数 $A(z^{-1})$、$B(z^{-1})$和预测步长 j 确定。

将式(6-13)两边同时乘以 $E_j(z^{-1})\Delta$,结合式(6-14)、式(6-15)可得时刻 $T=k+j$ 时的预测输出方程:

$$y(k+j|k) = G_j(z^{-1})\Delta u(k+j-1) + F_j(z^{-1})y(k) + H_j\Delta u(k-1) + E_j(z^{-1})\xi(k+j) \tag{6-16}$$

式(6-16)最后一项去除掉,就得到了 $t=k+j$ 时刻系统最优的预测输出值:

$$y(k+j|k) = G_j(z^{-1})\Delta u(k+j-1) + F_j(z^{-1})y(k) + H_j\Delta u(k-1) \tag{6-17}$$

写成向量的形式:

$$Y = G\Delta U + Fy(k) + H\Delta u(k-1) \tag{6-18}$$

其中:

$$Y = [y(k+1 \mid k),\cdots,y(t+N_1 \mid k)]^T$$

$$\Delta U = [\Delta u(k),\cdots,\Delta u(t+N_u-1)]^T$$

$$E = [E_1\xi(k+1),\cdots,E_{N1}\xi(t+N_1)]^T$$

$$G = \begin{bmatrix} g_0 & & & 0 \\ g_1 & g_0 & & \\ \vdots & \vdots & \cdots & \\ g_{N_u-1} & g_{N_u-2} & \cdots & g_0 \\ \vdots & \vdots & \cdots & \vdots \\ g_{N_1-1} & g_{N_2-2} & \cdots & g_{N_1-N_u} \end{bmatrix}$$

$$F = [F_1, \quad \cdots, \quad F_{N_1}]^T$$

$$H = [H_1, \quad \cdots, \quad H_{N_1}]^T$$

3)目标函数

为了使系统输出$y(k+j|k)$能够最贴近地沿着参考迹线 $w(k+j)$到达指定输入值,对其加入如下约束目标函数:

$$J = \sum_{j=1}^{N_1} [y(k+j|k) - w(k+j)]^2 + \sum_{j=1}^{N_u} \lambda(j) [\Delta u(k+j-1)]^2 \tag{6-19}$$

式中，N_u 为控制长度；$\lambda(j)$ 为控制输入加权系数，一般取一个常数，即 $\lambda(j)=\lambda$。

广义预测控制就是求算最优的一组 $\Delta u(k)$，$\Delta u(k+1)$，…，$\Delta u(k+N_u-1)$，使式(6-20)中的约束函数达到最小值。

4)控制量的求解

把跟踪轨迹写成向量形式：

$$W = [w(k+1),\cdots,w(k+N_1)]^T \tag{6-20}$$

则性能指标函数可以写成如下形式：

$$J = (Y-W)^T(Y-W) + \lambda \Delta U^T \Delta U \tag{6-21}$$

要求 J 的最小值，对其求偏导数使 $\frac{\partial J}{\partial \Delta U}=0$，得到使 J 取最小值的控制指令：

$$\Delta U = (G^TG + \lambda I)^{-1}G^T[W - Fy(k) - H\Delta u(k-1)] \tag{6-22}$$

ΔU 即为根据以上最优原则求得的能使系统按照指定的轨迹到达设定值的控制指令，然而由于实际应用中存在难以预测的干扰，所以即使按照计算得到的控制指令施加给系统，系统并不一定会按照预期的轨迹到达指定值。因此，在实际应用中，并不是把计算得到的控制指令逐一实施，而是在当前时刻，只实施计算得到的指令的第一个值，到下一刻，再重新计算下一组控制指令并也施加第一个指令值，这就是滚动优化的思想。

根据滚动优化思想，只把每次解算结果中的第一个控制指令施加给被控对象，即：

$$u(k) = u(k-1) + g^T[W - Fy(k) - H\Delta u(k-1)] \tag{6-23}$$

式中，g^T 为矩阵 $(G^TG+\lambda I)^{-1}G^T$ 的第一行。

6.3.3 反馈校正

由于系统在实际工作过程中会发生参数时变，并且还会遭到外界干扰等，系统的实际输出会和预测输出有一定的偏差，因此需要根据其偏差对系统实行反馈校正。广义预测控制的反馈校正采取的是广义上的反馈校正，即基于系统参数辨识原理，根据系统的实际历史输出值，对系统模型的参数 $A(z^{-1})$、$B(z^{-1})$ 进行实时的在线辨识以纠正预测模型的预测输出和系统实际输出之间的偏差。广义反馈校正采取的是基于最小二乘原理递推形式的参数在线辨识。为了提高参数辨识精度，减小计算量，采用渐消记忆的递推最小二乘法进行参数的在线辨识，其计算公式为[126]：

$$\begin{cases} \theta(N+1) = \theta(N) + K(N)[y(n+N+1) - \varphi^T\theta(N)] \\ K(N) = P(N)\varphi(N+1)[1 + \varphi^T(N+1)P(N)\varphi(N+1)]^{-1} \\ P(N+1) = P(N) - K(N)\varphi^T(N+1)P(N) \end{cases} \tag{6-24}$$

式中，$\varphi(k)=[-y(k-1) \quad -y(k-2) \quad \cdots \quad -y(k-n) \quad u(k-1) \quad u(k-2) \quad \cdots \quad u(k-m)]^T$；$\theta=[a_1 \quad a_2 \quad \cdots \quad a_n \quad b_1 \quad b_2 \quad \cdots \quad b_m]^T$；$N$ 为辨识数据长度；$P(N)$ 为初值矩阵。

6.3.4　广义预测控制具体算法

根据上述广义预测控制的原理,给出其在实际应用中的具体过程[122]:

step1:根据系统历史的输入、输出响应,基于递推形式的最小二乘原理对系统参数 $A(z^{-1})$、$B(z^{-1})$ 进行实时的在线辨识,即广义上的反馈校正;

step2:根据上述最新辨识到的系统参数 $A(z^{-1})$、$B(z^{-1})$,通过求解 Dioaphantine 方程,求出 $E_j(z^{-1})$ 和 $F_j(z^{-1})$,并计算出 $G_j(z^{-1})$ 和 g_j;

step3:求解出 $\Delta u(k)$,得到当前时刻的控制令 $u(k)$,将其施加给被控对象;

step4:循环上述步骤。

从上述的步骤中可以看出,每循环一次,在 step2 中都需要重新解一次 Dioaphantine 方程,按照前面的求解方法进行求解时,工作量很大,耗时也较长,严重影响系统的实时性,于是 Clarke 等人推导出了 Dioaphantine 方程递推形式的求解公式,使求解过程变得简单,并且更加容易通过计算机实现其求解算法。其具体递推过程如下[121-125]。

由 Dioaphantine 方程(6-14)可得,$j+1$ 步时的预测值为:

$$1 = E_{j+1}(z^{-1})\tilde{A}(z^{-1}) + z^{-(j+1)}F_{j+1}(z^{-1}) \tag{6-25}$$

式中,$\tilde{A}(z^{-1}) = A(z^{-1})\Delta = 1+\tilde{a}_1 z^{-1}+\cdots+\tilde{a}_{n+1}z^{-n-1}$;

将式(6-14)、式(6-25)相减可得:

$$\tilde{A}(z^{-1})[E_{j+1}(z^{-1}) - E_j(z^{-1})] + z^{-j}[z^{-1}F_{j+1}(z^{-1}) - F_j(z^{-1})] = 0 \tag{6-26}$$

即:

$$E_{j+1}(z^{-1}) - E_j(z^{-1}) = \frac{z^{-j}}{\tilde{A}(z^{-1})}[z^{-1}F_{j+1}(z^{-1}) - F_j(z^{-1})] \tag{6-27}$$

若式(6-26)所示的关系式成立,则应满足式中所有幂次项的系数都应该为零,可以得到:

$$E_{j+1}(z^{-1}) = E_j(z^{-1}) + e_j z^{-j} \tag{6-28}$$

将上式带入(6-27)可得:

$$F_{j+1}(z^{-1}) = z[F_j(z^{-1}) - e_j\tilde{A}(z^{-1})] \tag{6-29}$$

把式(6-29)展开,就可以求得 $E_j(z^{-1})$ 和 $F_j(z^{-1})$ 递推形式的解:

$$\begin{aligned} f_0^{j+1}+f_1^{j+1}+\cdots+f_n^{j+1}z^{-n} &= z[f_0^j+f_1^j z^{-1}+\cdots+f_n^j z^{-n}]-e_j(1+\tilde{a}_1 z^{-1}+\cdots+\tilde{a}_{n+1}z^{-n-1}) \\ &= z[(f_0^j-e_j)+(f_1^j\tilde{a}_1 e_j)z^{-1}+\cdots+(f_n^j-\tilde{a}_n e_j)z^{-n}-e_j\tilde{a}_{n+1}z^{-n-1}] \end{aligned} \tag{6-30}$$

使上述方程等号两边幂次相同的项的系数对应相等,于是有:

$$\begin{aligned} & e_j = f_0^j = F_j(0) \\ & f_i^{j+1} = f_{i+1}^j - \tilde{a}_{i+1}f_0^j \qquad (0 \leqslant i < n) \\ & f_n^{j+1} = -\tilde{a}_{n+1}f_0^j \end{aligned} \tag{6-31}$$

从式(6-31)就可以递推求出 $E_j(z^{-1})$ 和 $F_j(z^{-1})$。

采用同样的方法,可以得到 $G_j(z^{-1})$ 和 $H_j(z^{-1})$ 的递推解:

$$\begin{gathered} g_j = e_j b_0 + h_0^j \\ h_{i-1}^{j+1} = e_j b_i + h_i^j \qquad (0 \leqslant i < m) \\ h_{m-1}^{j+1} = e_j b_m \end{gathered} \tag{6-32}$$

接下来给出以上递推公式所需要的初值的解法,令 $j=1$,带入 Dioaphantine 方程:

$$\begin{cases} E_1(z^{-1})\tilde{A}(z^{-1}) + z^{-1}F_1(z^{-1}) = 1 \\ e_0 B(z^{-1}) = G_1(z^{-1}) + z^{-1}H_1(z^{-1}) \end{cases} \tag{6-33}$$

由此可以求解出上述相关量所需的初始值:

$$\begin{gathered} E_1(z^{-1}) = e_0 = 1 \\ F_1(z^{-1}) = z[1 - \tilde{A}(z^{-1})] = -\tilde{a}_1 - \tilde{a}_2(z^{-1}) - \cdots - \tilde{a}_{n+1}(z^{-n}) \\ G_1(z^{-1}) = g_0 = e_0 b_0 \\ H_1(z^{-1}) = z[e_0 B(z^{-1}) - e_0 b_0] = b_1 + b_2 z^{-1} + \cdots + b_m z^{-m+1} \end{gathered} \tag{6-34}$$

6.3.5 广义预测控制算法的参数设置

1)最小预测控制时域 N_0

如果系统时滞 d 为已知,N_0 应当满足 $N_0>d$,否则,系统的输出 $y(t+1),\cdots,y(t+N_1)$ 中会有一些不受控制指令 $u(t)$ 的影响。当系统时滞 d 是未知的或者是个变量时,需要让 $N_0=1$,即时滞包含在 $B(z^{-1})$ 中。

2)最大预测步长 N_1

N_1 表示时刻 $t=k$ 往后,通过多少步使系统输出能够沿着参考迹线到达指定值,因此其和系统的快速性有关。当 N_1 比较小时,系统可以较快地到达指定值,而系统的稳定性会变差;当 N_1 比较大时,系统的快速性变差,但稳定性会变好。因此在实际确定 N_1 值时,应根据系统工作性质等进行折中考虑以满足实际应用要求。

3)控制长度 N_u

N_u 表示通过施加多少步控制指令能使控制输出沿着参考迹线到达指定值,由输入输出的对应关系可知,$N_u \leqslant N_1$。N_u 和控制系统的灵敏度有关,当 N_u 较小时,系统的灵敏度提高,但是控制输出与参考迹线的方差会变大,即系统输出对参考迹线的贴近程度变低;当 N_u 较大时,系统的灵敏度变差,跟踪性能得到了提高,但系统的计算量也会增大,实时性降低,应根据实际情况进行参数的调试。

4)控制加权常数 λ

为了减小控制增量 $\Delta u(k)$ 对系统造成的冲击,常对其进行加权。λ 太小,系统的响应会变快,但是如果 $\Delta u(k)$ 变化太大,那么系统的稳定性就下降;相反,λ 太大,系统的稳定性会提高,但是其动态响应会变得缓慢。因此,λ 的选择是一组矛盾,需要根据具体的控制状况进行折中选择。

6.4　极短期预报技术

广义预测控制方法可有效解决系统时滞行为稳定性控制问题,但由于执行机构各部件之间存在一定的装配间隙,控制系统响应总是滞后于跟踪目标,使得系统的实时控制性能大幅降低,进而导致升沉补偿效果变差甚至不起作用。由此引入极短期预报技术,可提前预测吊载的升沉运动,与广义预测控制相结合,共同实现对吊载升沉位移的实时补偿。

船舶运动的极短期预报就是利用某种理论算法预测出船舶在未来短时间内的运动姿态。从 20 世纪 60 年代起,国外就开始了对极短期预报方法的研究,到了 70 年代末已进入到极短期预报的可行性研究阶段,并将研究成果运用于航母的运动预报上面。目前,不同种类的预报方法被提出:统计预报法、卷积法、Calman 滤波法、谱估计法、时间序列分析法、投影寻踪法以及神经网络建模预报法等。考虑时间序列法实用性强、计算量小、预报效果好等特点,选用时间序列法对船舶升沉运动进行极短期的预报[127-128]。

时间序列法是一种很有效的动态数据处理方法,其原理就是通过对一系列按照时间先后顺序采集到的动态随机数据$\{X_t, t=0,\pm1,\cdots\}$建立其对应的最优数学模型,并基于此模型预报未来有限时间长度内的序列。常用的时间序列模型主要有 ARMA 模型、MA 模型和 AR 模型。综合考虑模型算法的计算量、预报精度等因素,基于 AR 模型对吊载升沉运动进行预报研究[129]。

6.4.1　基于 *AR* 模型的极短期预报原理

对于$AR(p)$模型,其一般形式为:

$$x(k) = a_1x(k-1) + a_2x(k-2) + \cdots + a_px(k-p) + \xi(k) \tag{6-35}$$

式中,$\{x(k), k=1,2,\cdots,N\}$为测量到的已知的时间序列,经处理后可以看作零均值的平稳随机序列,N 为测量的数据数目,$\{a_j, j=1,2,\cdots,p\}$为模型系数,p 为模型阶数,$\{\xi(k), k=1,2,\cdots,N\}$为测量误差序列,通常假定其为零均值、方差为 δ^2 的白噪声序列。

令式(6-35)中的 $k=p+1,p+2,\cdots,N,(N\geqslant 2p)$,则有:

$$\left.\begin{aligned} x(p+1) &= a_1x(p) + a_2x(p-1) + \cdots + a_px(1) + \xi(p+1) \\ x(p+2) &= a_1x(p+1) + a_2x(p) + \cdots + a_px(2) + \xi(p+2) \\ &\cdots \\ x(N) &= a_1x(N-1) + a_2x(N-2) + \cdots + a_px(N-p) + \xi(N) \end{aligned}\right\} \tag{6-36}$$

定义:

$$X = [x(p+1)x(p+2)\cdots x(N)]^T \tag{6-37}$$

$$\Phi = \begin{bmatrix} x(p) & x(p-1) & \cdots & x(1) \\ x(p+1) & x(p) & \cdots & x(2) \\ \cdots & \cdots & \cdots & \cdots \\ x(N-1) & x(N-2) & \cdots & x(N-p) \end{bmatrix} \tag{6-38}$$

$$a = [a_1, a_2, \cdots, a_p]^T \tag{6-39}$$

$$\xi = [\xi(p+1), \xi(p+2), \cdots, \xi(N)]^T \tag{6-40}$$

将式(6-38)写成向量形式：

$$X = \Phi a + \xi \tag{6-41}$$

由此可以看出，$AR(p)$模型主要由两部分决定，即模型阶数 p 和模型系数 $\hat{a}_j$，因此，当最佳的模型阶数和系数确定了之后，最佳的 $AR(p)$模型也具体得以确定[130-131]。

1)模型阶数 p 的估计

当阶数 p 取固定值时，用最小二乘法对模型进行参数估计，直接给出参数 $\hat{a}_j$ 的具体公式：

$$\hat{a}[N] = [\Phi_N^T \Phi_N]^{-1} \Phi_N^T X_N \tag{6-42}$$

考虑到补偿系统的实时性，另一方面为了减少计算机的内存，提高计算速度，对上式进行整理，可以得到其递推形式的最小二乘法估计公式。

令 $P_N = [\Phi_N^T \Phi_N]^{-1}$，增加一次测量 $X(N+1)$，有：

$$\begin{aligned} P_N = [\Phi_N^T \Phi_N]^{-1} &= \left[\begin{pmatrix} \Phi_N \\ \Phi_{N+1}^T \end{pmatrix}^T \begin{pmatrix} \Phi_N \\ \Phi_{N+1}^T \end{pmatrix} \right]^{-1} \\ &= (P_N^{-1} + \Phi_{N+1}^T \Phi_{N+1})^{-1} \\ &= \left(I - \frac{P_N \Phi_{N+1} \Phi_{N+1}^T}{1 + \Phi_{N+1}^T P_N \Phi_{N+1}} \right) P \end{aligned} \tag{6-43}$$

式中，I 为单位矩阵。

整理得到其递推形式的参数估计公式：

$$\begin{aligned} \hat{a}[N+1] &= P_{N+1} \Phi_{N+1}^T X_{N+1} \\ &= \hat{a}[N] + M(N+1)[X(N+1) - \Phi_{N+1}^T \hat{a}(N)] \end{aligned} \tag{6-44}$$

式中，$M(N+1) = \dfrac{p_N \Phi_{N+1}}{1 + \Phi_{N+1}^T p_N \Phi_{N+1}}$，$N \geqslant 2p$。

2)确定模型阶数 p

模型最优阶数 p 通过 AIC 准则(Akaike Information Criterion)来确定。定义 $S_P(N)$、$I(p)$：

$$S_P(N) = [X_N - \Phi_N \hat{a}(N)]^T [X_N - \Phi_N \hat{a}(N)] \tag{6-45}$$

$$I(p) = \log[S_p(N)/N] + 2p/N \tag{6-46}$$

式中，$S_P(N)$为预测模型残差；$I(p)$为 p 阶预报模型 AIC 函数值。

在预报的过程中，首先设置预报模型的最大阶次 M，然后分别令 $p = 1, 2, \cdots M$，根据式(6-45)、式(6-46)求出 p 取不同值时的 AIC 函数值 $I(1), I(2), \cdots, I(M)$，然后再对其进行比较，求出使 $I(\hat{p}) = \min\{I(p)\}$ 时对应的阶数 p，作为估计模型对应的最佳阶次。

3)预报模型

在模型参数已得到最佳估计后，可以得到未来 $k+l$ 刻的预报值：

$$\hat{x}(k+l) = \sum_{j=1}^{p} \hat{a}_j x(k-j) \tag{6-47}$$

式中,$l=1,2\cdots$为预报步数,模型参数 $\hat{a}_j$ 与阶数 p 由前两个步骤估计到,代入计算即可。综上所述,极短期预报的具体流程图如图 6-8 所示。

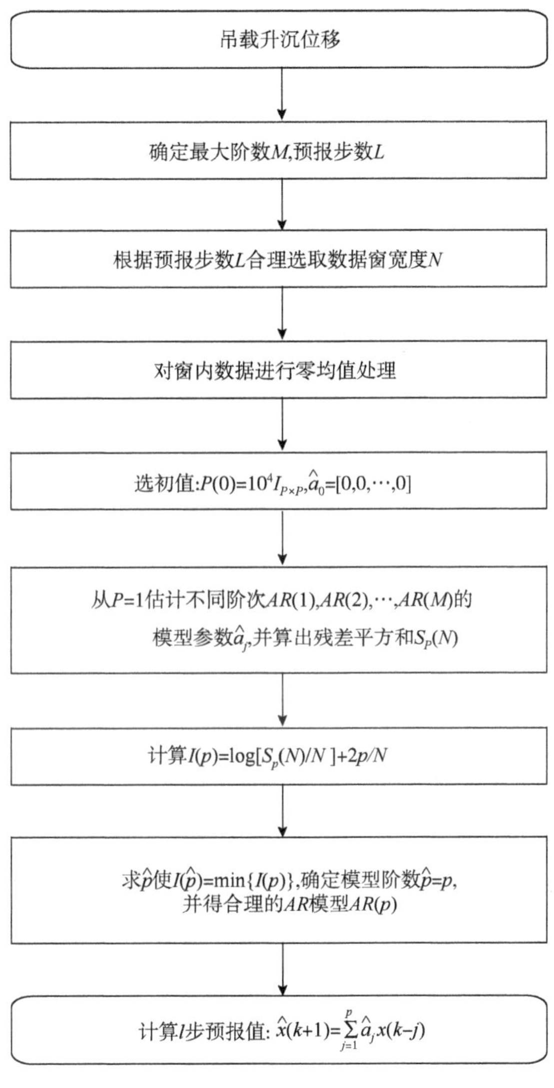

图 6-8　极短期预报流程图

6.4.2　极短期预报仿真试验

对于整个主动升沉补偿系统装置,具体的时滞时间需要通过对实际装置做辨识试验来确定。基于对相关数据的查阅和所选设备的具体性能,最大响应时滞时间应该在 1s 之内,故本文的极短期预报的最长预报时间设为 2s。对 $H_{1/3}=3\text{m}$,$U=1.5\text{m/s}$ 时吊载升沉位移进行采样,采样间隔 $T_s=0.2\text{s}$,数据总数 $N=4800$,模型最大阶数 $M=40$,窗口长度为 800,基于上述极短期预报算法分别对步长为 $L=10$ 时进行预报,其预报效果如图 6-9 所示。

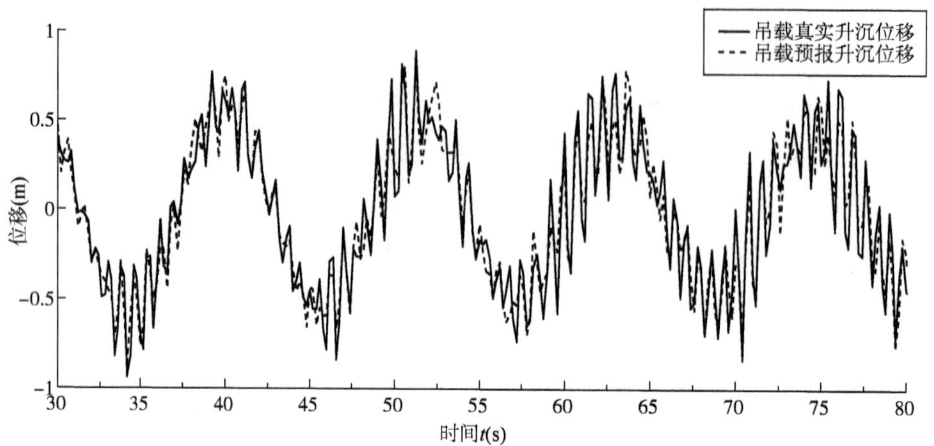

图 6-9　超前 10 步预报效果(2s)

定义如下参数来判断极短期预报精度：

1)均方误差

$$JF = \sqrt{\frac{1}{N}\sum_{i=1}^{N}\left[\hat{x}(i) - x(i)\right]^2} \tag{6-48}$$

2)预报精度

$$Pc = 1 - \frac{\sum_{i=1}^{N}\left|\hat{x}(i) - x(i)\right|}{\sum_{i=1}^{N}\left|x(i)\right|} \tag{6-49}$$

式中,$x(i)$为实际数据;$\hat{x}(i)$为极短期预报的数据;N为数据总数。

采用公式(6-48)和公式(6-49)计算得到均方误差 JF 为 0.20915,预报精度 P_c 为 93.48%,由此可见采用 AR 算法对波流作用下吊载升沉位移进行极短期预报的效果是可靠的。

6.5　基于广义预测控制的控制系统仿真试验

基于 MATLAB/Simulink 软件平台,采用广义预测与极短期预报相结合的控制系统进行仿真实验,系统控制模型如图 6-10 所示[132]。

当未引入极短期预报时,设定系统控制参数为离散时间间隔 $T_s = 0.2$s;预测长度 $N_1 = 24$ 步;控制长度 $N_u = 10$ 步;加权系数 $\lambda = 0.8$,以 $H_{1/3} = 3$m,$U = 1.5$m/s 时吊载升沉位移为例,此时控制系统对其跟踪效果如图 6-11 所示。

由图 6-11 中跟踪位移曲线可以看出,基于广义预测控制的控制系统可以对系统时滞行为实现稳定控制。但是当未引入极短期预报时,跟踪位移总是滞后于吊载原始升沉位移,时滞时间 $\tau = 2$s,必将对系统的实时控制产生极大影响,此时的实时控制效果如图 6-12 所示。

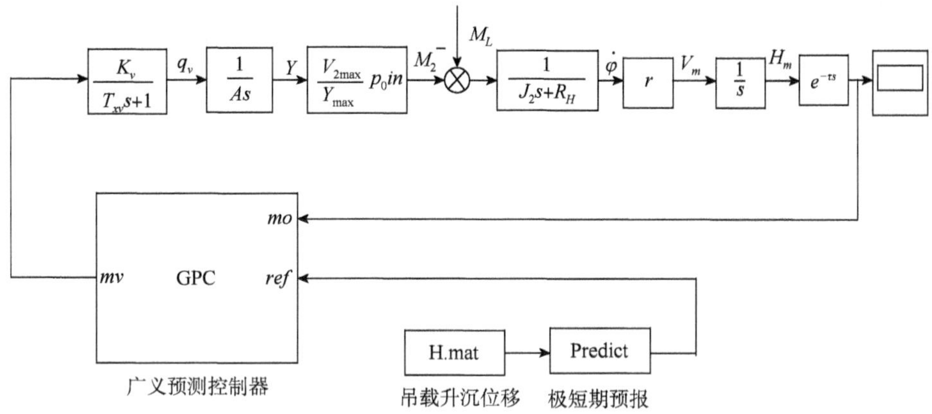

图 6-10　吊载升沉位移控制系统模型

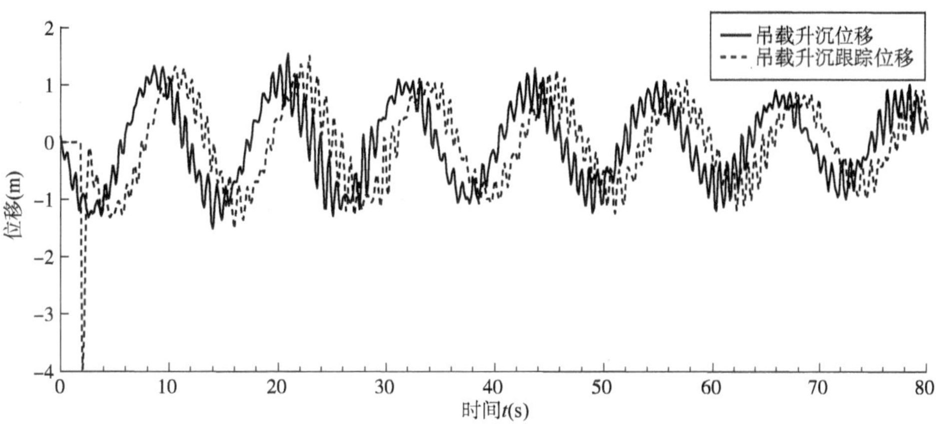

图 6-11　吊载升沉位移跟踪效果(未引入极短期预报)

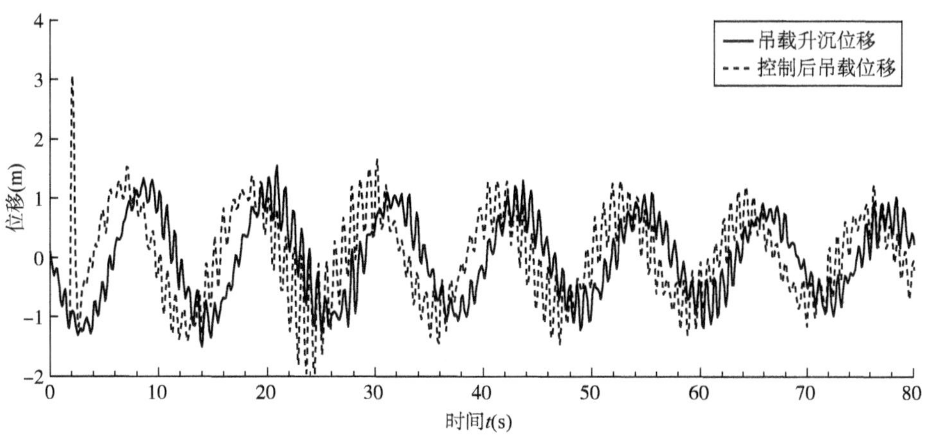

图 6-12　吊载升沉位移控制效果(未引入极短期预报)

由图 6-12 可以看出,未引入极短期预报时,控制系统的控制效果较差,几乎不起作用,甚至会出现控制后位移超过原始位移的现象。当对控制系统引入极短期预报时,提前时滞时间

τ 预报出吊载的升沉位移,可以大大改善控制系统的实时控制效果。

如图 6-13~图 6-15 为不同波流载荷作用下,引入极短期预报后控制系统吊载升沉位移的补偿效果。

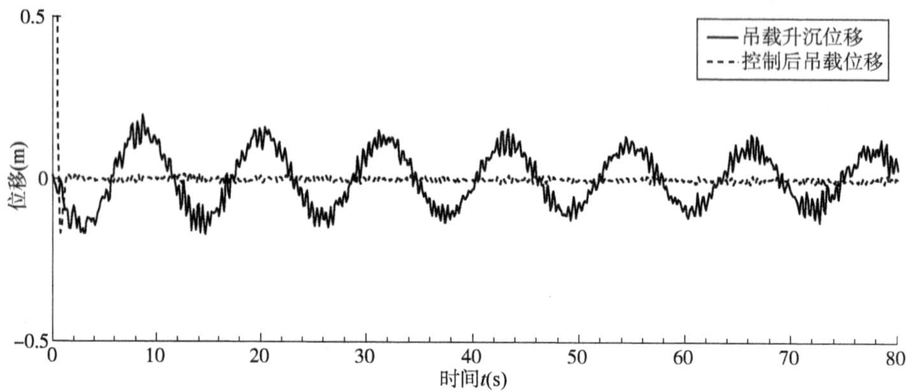

图 6-13　吊载升沉位移控制效果($H_{1/3}=1\text{m}, U=0.5\text{m/s}$)

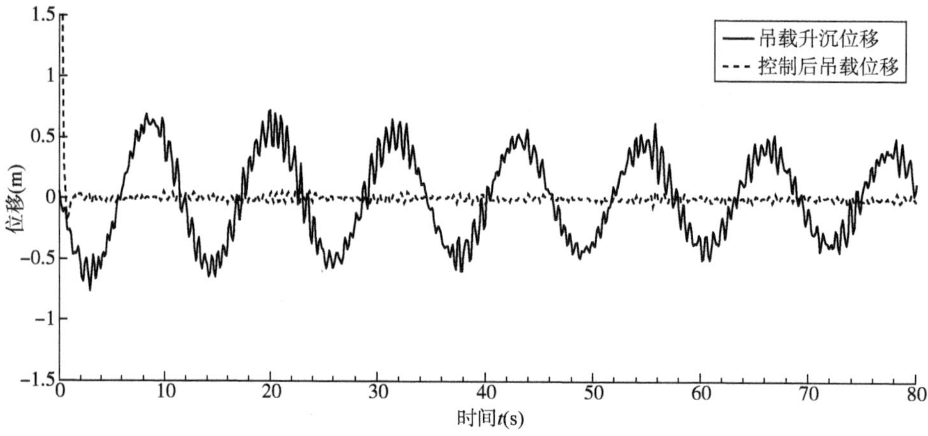

图 6-14　吊载升沉位移控制效果($H_{1/3}=2\text{m}, U=1\text{m/s}$)

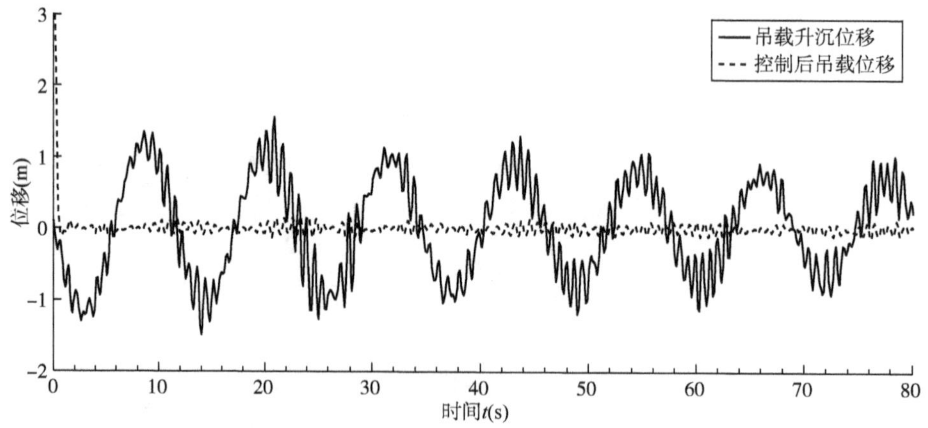

图 6-15　吊载升沉位移控制效果($H_{1/3}=3\text{m}, U=1.5\text{m/s}$)

由图 6-13~图 6-15 与图 6-12 对比可以看出,当引入极短期预报后,吊载升沉位移的控制效果得到极大改善,控制后吊载位移明显减小,甚至趋近于零。

6.6 本章小结

采用主动升沉补偿系统实现对吊载非线性垂向运动的控制,考虑控制过程的灵活性和可靠性,选用液压二次静液调节驱动系统作为液压单元,在分析其原理与特点的基础上,建立了二次元件和机械执行单元的数学模型,并进一步通过查阅相关资料确定了构建系统各设备的技术参数;针对吊缆在外部激励下的运动响应存在较强的非线性和时滞现象,应用一种鲁棒性强、能够有效地克服系统滞后、可应用于开环不稳定非最小相位系统的先进控制算法——广义预测控制算法,介绍了此算法的基本原理、算法步骤及参数设置,用于解决系统时滞行为稳定性控制问题;由于执行机构各部件之间存在一定的装配间隙,控制系统响应总是滞后于跟踪目标,由此引入极短期预报技术,提前预测吊载的升沉运动,对 $H_{1/3}=3\text{m}$, $U=1.5\text{m/s}$ 时吊载升沉位移进行预报,定义并计算得到均方误差 JF 为 0.20915,预报精度 P_c 为 93.48%,说明预报方法的可靠性;与广义预测控制相结合,共同实现对吊载升沉位移的实时补偿,基于已建立的系统数学模型,在 MATLAB/Simulink 软件平台上建立了控制系统的仿真模型,并对未引入极短期预报时的吊载升沉位移进行跟踪,仿真结果表明基于广义预测控制的控制系统可以对系统时滞行为实现稳定控制,但跟踪位移总是滞后于吊载原始升沉位移,且控制效果较差,几乎不起作用,甚至出现控制后位移超过原始位移的现象。当引入极短期预报时,吊载升沉位移的控制效果得到极大改善,控制后吊载位移明显减小,甚至趋近于零。研究结果充分说明,采用极短期预报与广义预测控制组合的复合控制方法对时滞系统进行实时控制是十分有效的,可为相关领域的研究提供新的思路和理论方法。

第7章　研究总结

在对国内外缆索非线性运动及控制方面的研究现状及发展动态充分理解的基础上，以深水吊装缆索为研究对象，建立了吊缆在水中的动静力学数学模型，分析不同外部激励时吊缆的非线性运动影响特性与力学特征，提出了一种基于弹性波理论研究吊缆非线性运动的方法，并通过试验值进行了验证；采用了引入极短期预报与广义预测结合的复合控制算法的升沉补偿系统，对吊载在不同激励时的垂向运动响应进行控制，得到了有益的结论。

本书的主要结论归纳如下：

(1)从经典力学的观点出发建立了吊缆的静力学模型，与文献中的缆张力计算结果相比较，验证了模型的正确性，并分析了 Dyneema 缆在不同吊载时缆张力随缆长的变化情况，计算结果显示吊载对缆张力的影响较大。通过研究缆张力对弹性模量的影响，反映了考虑非线性在求解吊缆运动过程中的重要性。

(2)以弹性波理论为基础，从能量的角度出发，根据 Hamilton 原理建立了吊缆的动态模型，推导出吊缆在法向、切向和副法向三个方向的三维非线性运动方程，为后续吊缆非线性运动响应的研究奠定了基础。

(3)以吊缆的线弹性本构关系为前提，采用有限差分方法求解已推导的非线性方程，试验值的比较，验证了求解方法的准确性和可靠性；进一步对 4500m 和 3000m 吊缆的缆张力及垂向位移进行计算，得到以下结论：

①以 4500m 缆长为例，计算得到吊缆不同位置处的缆张力，研究发现缆张力的传播呈现明显的波动现象，随着吊缆长度的增加，波动的幅值逐渐减小；随着外部激励周期的增加，缆张力的波动曲线变得相对平滑，一个周期内的变化剧烈程度减小，同一时刻不同位置处缆张力的变化过渡也逐渐变缓，外部激励周期的增加会减缓载荷“突变效应”的程度。

②当缆绳长度较大时，无论是缆张力还是吊缆垂向位移，在整个缆绳内不是均匀分布的，若忽略吊缆的非线性，按照胡克定律计算吊缆的缆张力和位移将会产生很大的偏差。且一般情况下不会断裂的缆绳，由于局部缆张力较大或变形过大时可能出现局部破坏。

③缆长 4500m 和 3000m 吊载处的垂向位移的计算结果表明，随着激励周期增加，3000m 时吊载处的垂向位移幅值大于 4500m，且相差程度越来越大。

(4)分析波流载荷对吊缆非线性运动特性及力学特征的影响，得到以下结论：

①同一缆绳长度时吊缆动态缆张力的最大值不在吊点处，而是在靠近吊点的位置处，与文献研究结果相同。

②随着缆长的不断增加，最大动态缆张力的数值呈现逐渐减小的趋势，缆张力变化的“尖锐”程度逐渐增大，缆长的增加使得外部激励作用的“局部效应”增强。缆长的变化对吊缆垂向位移响应的幅值和周期都有很大影响，其原因为吊缆非线性引起的外部激励的传播作用。

③吊缆最大动张力、吊载垂向位移幅值、吊载横向位移幅值随流速的增加而增大,且变化的过程"波动"增加。同一缆长时,吊载质量的变化对吊载横向位移幅值的影响不大;吊载质量一定时,横向位移幅值随缆长的增加而增大,而流速对吊缆垂向运动几乎没有影响,可以忽略不计,故在研究流的作用效果时,仅考察流对吊缆张力及横向位移的影响。

④波浪的存在会影响工作母船的运动,但是对缆张力、吊缆的垂向运动和横向运动影响不大,因此在分析深水吊缆非线性运动时,可以忽略波浪对吊缆的单独作用。

⑤波流共同作用时吊缆最大动张力、吊载垂向位移幅值、吊载横向位移幅值在有义波高、流速、缆长和吊载质量等因素影响下的变化趋势,与波流单独作用时基本相同。因此,在未能准确把握波流的联合作用效果之前,且波浪的作用不是十分明显时,研究波流共同作用对吊缆非线性运动的影响,可以将各自作用时的结果叠加在一起进行估算。

(5)采用主动升沉补偿系统实现对吊载非线性垂向运动的控制,得到如下结论:

①引入极短期预报技术,提前预测吊载的升沉运动,定义并计算得到均方误差 JF 为 0.20915,预报精度 P_c 为 93.48%,说明预报方法的可靠性。

②仅采用广义预测控制算法进行仿真的结果表明,基于广义预测控制的控制系统可以对系统时滞行为实现稳定控制,但跟踪位移总是滞后于吊载原始升沉位移,且控制效果较差,几乎不起作用,甚至出现控制后位移超过原始位移的现象。

③当引入极短期预报时,吊载升沉位移的控制效果得到极大改善,控制后吊载位移明显减小,甚至趋近于零。研究结果充分说明,采用极短期预报与广义预测控制组合的复合控制方法对时滞系统进行实时控制是十分有效的,可为相关领域的研究提供新的思路和理论方法。

随着人类对深海勘探与资源开发的需求的不断增大,对水下缆索非线性运动与控制方面的研究也将越来越深入。本书针对深水吊缆非线性运动与控制开展研究,提出新的理论方法分析了吊缆非线性运动特征与力学特性及其影响因素,并通过采用复合控制方法的升沉补偿系统对吊缆的运动进行有效的实时控制,目前,仍有部分问题需要研究和解决。

(1)缆索非线性运动一直是海洋工程领域研究的难点问题,提出考虑缆索扭转的是三维非线性运动方程理论分析方法,将对该领域的研究起到重要的推动作用。

(2)改善试验条件,开展深水吊缆非线性运动的试验研究,深入探究由于缆索自身弹性、外界激励等因素引起的非线性特征,为工程实际奠定理论基础。

(3)开展升沉补偿系统试验及原理样机研究,探索研究新的控制理论与方法,与升沉补偿系统结合,实现吊缆非线性运动的实时控制。

参考文献

[1] 曾一非.海洋工程环境[M].上海:上海交通大学出版社,2007.

[2] 李润培,谢永和,舒志.深海平台技术的研究现状与发展趋势[J].中国海洋平台,2003,18(3):1-5.

[3] 苏斌,冯连勇,王思聪,等.世界海洋石油工业现状和发展趋势[J].中国石油企业,2006,2:138-141.

[4] 陈雯,窦义粟.世界海洋工程产业发展现状分析[J].中国水运,2007,7(8):190-200.

[5] 陶永宏.我国海洋工程发展现状[J].中外船舶科技,2009,03:6-9.

[6] 赵藤.深水安装作业升沉补偿系统研究[D].哈尔滨:哈尔滨工程大学, 2011.

[7] 缪国平,刘应中.挠性部件力学导论[M].上海:上海交通大学出版社,1995.

[8] Gault A J, Cox W R. Method for predicting geometry and loading distribution in an anchor chain from a single point mooring buoy to a buried anchorage[C]. OTC, 1973,(1):309-318.

[9] Smith T M, Chen M C,Radwan A M. Systematic Data for the preliminary design of mooring systems. Proceedings of the fourth International Offshore Mechanics and Arctic Engineering Symposium [C].1985,(1):403-407.

[10] Russell J Smith., Colin MacFarlane. Statics of a three component mooringline[J]. Ocean Engineering,2001,(28):899.

[11] 范菊,黄祥鹿.锚泊线的动力分析[J].中国造船,1999,1:13-20.

[12] 范菊,陈小红,季春群.转塔式系泊储油轮的动力分析[J].上海交通大学学报,2000,34(1):152-156.

[13] 黄祥鹿,陈小红,范菊.锚泊浮式结构波浪上运动的频域算法[J].上海交通大学学报,2001,35(10):1470-1476.

[14] Van den Boom H J J, Dekker J N, et al. Dynamic Aspects of Off shore Riser and Mooring Concepts [J].OTC5531,1987.

[15] Niedzwecki J M,Thampi S K. Snap loading of marine cable systems [J].Applied Ocean Research,1991,13(5):210

[16] 刘应中,缪国平,等.泊系统动力分析的时域方法[J].上海交通大学学报, 1997,33(11):7-12.

[17] 朱克强,李道根,李维扬.海洋缆体系统的统一凝集参数时域分析法[J].海洋工程,2002,20(2):100-104.

[18] Johansson P I. A Finite Element Model for Dynamic Analysis of Mooring Cables [D]. MIT,1976.

[19] Shan Huang. Dynamic analysis of three-dimensional marine cables [J]. Ocean Engineering. 1994,21(6):587-605.

[20] Leonard J W,Recker W W.Nonlinear dynamics of cables with low initial tension[J]. Journal of the Engineering Mechanics, Division, ASCE,1972,98(2):204-234.

[21] Leonard J W. Curved finite element approximation to nonlinear cables[C].OTC,1972,1: 225-233.

[22] Chatjigeorgion L K,Mavrakos S A. Nolinear contributions in the prediction of dynamic tension on mooring lines for high and low frequencies of excitation[C]. Proc.7th Int. Offshore and Polar Eng. Conf., Honolulu, ISOPE, 1997, 2:192-199.

[23] Chatjigeorgion L K,Mavrakos S A. Assessment of bottom cable interaction effects on mooring line dynamics[C]. Int. Offshore Mech. And Artic Eng.Conf.,Libson,1998,335.

[24] Chatjigeorgion L K,Mavrakos S A.Comparative study on the efficiency of improved numerical solutions schemes in the prediction of the dynamic behavior of mooring lines[C]. Proc. 9th Int. Offshore and Polar Eng. Conf.,Brest,France,ISOPE,1999, 2:332-339.

[25] Chatjigeorgion L K,Mavrakos S A. Comparative evaluation of numerical schemes for 2D mooring dynamics[J]. International journal of offshore and polar engineering, 2000, 10(4): 301-309.

[26] Kwan C T,Bruen F J. Mooring line dynamics: comparison of time domain,frequency domain and quasi-static analysis[C]. OTC,1988, 2:513-521.

[27] 邵启会.海洋工程柔性构件分析方法研究[D].哈尔滨:哈尔滨工程大学,2008.

[28] 聂孟喜,王旭升,工晓明.防风水鼓系泊系统系泊力的计算方法[J].水运工程,2003(05):5-8.

[29] 聂孟喜,王旭升,工晓明,等.风、浪、流联合作用下系统系泊力的时域计算方法[J].清华大学学报(自然科学版),2004,44(09):1214-1217.

[30] 余龙,谭家华.基于准静定方法的多成分锚泊线优化[J].海洋工程,2005,23(01):69-73.

[31] 余龙,王娟.半潜式平台深水锚泊系统三维时域动力分析[J].中国海洋平台,2007,22(06):34-37.

[32] 刘海笑,黄泽伟.新型深海系泊系统及数值分析技术[J].海洋技术,2007,26(02):6-10.

[33] 黄维,刘海笑.新型深水系泊系统非线性循环动力分析[J].海洋工程,2010,28(02):22-28.

[34] 童波,杨建民,李欣.深水半潜平台悬链线式系泊系统耦合动力分析[J].中国海洋平台,2008,23(06):1-7.

[35] 童波.半潜式平台系泊系统型式及其动力特性研究[D].上海:上海交通大学,2009.

[36] 韩璇.深水锚索锚泊性能研究[D].大连:大连海事大学,2008.

[37] 袁梦,范菊,缪国平,等.系泊系统有限元模拟及分析[C].济南:第二十一届全国水动力学研讨会暨第八届全国水动力学学术会议暨两岸船舶与海洋工程水动力学研讨

会,2008.

[38] 张素侠.深海系泊系统松弛—张紧过程缆绳的冲击张力研究[D].天津:天津大学,2008.

[39] 肖越.系泊系统时域非线性计算分析[D].大连:大连理工大学,2006.

[40] 李晓平.多体系统动力学建模方法及在水下缆索中的应用研究[D].天津:天津大学,2004.

[41] 王宏伟.深海系泊系统模型截断技术研究[D].哈尔滨:哈尔滨工程大学,2011.

[42] 王兴刚.深海浮式结构物与其系泊缆索的耦合动力分析[D].大连:大连理工大学,2011.

[43] Korde U A. Active heave compensation on drill-ships in irregular waves[J]. Ocean Engineering.1998,25(7):541-561.

[44] Michael J Purcell, Ned C Forrester. Bobbing Crane Heave Compensation for the Deep Towed Fiber Optic Survey System[J]. Society of Naval Architects and Marine Engineers. May 6-8, 1994:1-16P

[45] James E Adamson. Efficient Heave Motion Compensation for Cable-Suspended Systems[J]. Underwater Intervention 2003, 2003:1-7.

[46] McNary J F,Person A,Ozudogru YH.A 7500 ton capacity shipboard completely gimbaled and heave compensated platform[J].Journal of PetroleumTechnology, 1977, 29(4):439-448.

[47] William David Stevenson. Heave Compensation Device for Marine Use[J]. U.S.3946559, 1976:3-30.

[48] James Blanchet. Ocean Floor Dredge System Having a Pneumohydraulic Means Suitable for Providing Tripping and Heave Compensation Modes[J]. U.S.4382361, 1983:5-10.

[49] 方华灿.海洋钻井船升沉补偿装置工作理论的初步研究[J].华东石油学院学报,1978,03:56-67.

[50] 黄锴.1000m 海试采矿系统升沉补偿系统控制方法探讨及虚拟样机研究[D].长沙:中南大学,2003.

[51] 汤晓燕,刘少军,王刚.深海采矿升沉补偿系统建模及其模糊控制仿真[J].中南大学学报(自然科学版),2008,01:128-134.

[52] 张震,刘少军.深海采矿升沉补偿模拟试验方案研究[J].现代制造工程,2009,01:116-120.

[53] 吕东,何将三,刘少军,等.基于多体动力学的深海开采装备虚拟样机设计及仿真[J].矿山机械,2004,06:6-8.

[54] 肖体兵,吴百海,龙建军.深海作业装置主动型升沉补偿系统控制器的研究[J].液压与气动,2008,04:73-74.

[55] 肖体兵.深海采矿装置智能升沉补偿系统的研究[D].广州:广东工业大学,2004.

[56] 陈远明,叶家玮,张兮龙,梁富琳.舰载直升机稳定平台系统的预报控制试验研究[J].大连海事大学学报,2010,04:77-80.

[57] 曾智刚.波浪运动升沉补偿液压平台关键问题试验研究[D].广州:华南理工大学,2010.

[58] 吴隆明.深海作业起重机主动式升沉补偿控制系统的研究与开发[D].广州:华南理工大学,2012.

[59] 徐小军,陈循.一种新型主动式波浪补偿系统的原理及数学建模[J].国防科技大学学报,2007,03:15-17.

[60] 徐小军,何平,陈循,等.基于DSP的主动式波浪补偿起重机控制系统设计[J].国防科技大学学报,2008,01:110-114.

[61] 徐小军,陈循,尚建忠,等.单神经元PID的波浪补偿系统自适应控制与仿真[J].机械与电子,2009,08:61-64.

[62] 徐小军,陈循,尚建忠,等.波浪补偿差动行星传动机构的动力学建模与分析[J].机械科学与技术,2011,02:185-190.

[63] 胡永攀,陶利民,吕伟,等.并联波浪补偿系统的鲁棒控制方法[J].国防科技大学学报,2014,06:171-179.

[64] 董睿.主动式波浪补偿控制系统设计关键技术研究[D].长沙:国防科学技术大学,2009.

[65] 胡永攀.主动式波浪补偿驱动和执行系统设计关键技术研究[D].长沙:国防科技大学,2009.

[66] 杨文林,张竺英,张艾群.水下机器人主动升沉补偿系统研究[J].海洋工程,2007,03:3-5.

[67] 杨文林,张艾群.有缆水下机器人主动升沉补偿控制研究[J].中国机械工程,2009.12:17-19.

[68] De Lang, Peter Eric. Heave Compensation For APipeline Hoisting System[J]. International application published under PCT,1985:75-85.

[69] Thor I Fossen, Tor A Johansen. Modeling and identification of offshore crane-rig system[J]. DePt.Eng.Cybem, NTNU, Trondheim, Norway. 1978:27-30.

[70] T A Johansen, T I Fossen. Hydro Launch Free decay tests[J]. Dept.Eng.Cybern., NTNU, Trondheim, Norway.1982:55-74.

[71] Tor A Johansen, Thor I Fossen. Observer and controller design for an offshore crane moonpool system[J]. DePt.Eng.Cybern., NTNU, Trondheim, Norway. 2003:85-99.

[72] Kjell Erik Drevdal. Active Heave Drilling TM-A New Standard in Heave Compensation Technology[S]. Hitec, 2001:44-50.

[73] Berteaux H O. Buoyengineenng[J]. Wiley Inetscrinece, 1976.

[74] 乔东生.深水平台锚泊定位系统动力特性与响应分析[D].哈尔滨:哈尔滨工业大学,2011.

[75] 张健.浮式结构与柔性构件的耦合分析方法研究[D].哈尔滨:哈尔滨工程大学,2012.

[76] Christopher LEE, Noel C Perkins. Three-Dimensional Oscillations of Suspended Cables Involving Simultaneous Internal Resonances [J]. Nonlinear Dynamics 8: 45-63, 1995.

[77] Christopher L Lee, Noel C Perkins. Nonlinear Oscillations of Suspended Cables Containing a Two-to-OneInternal Resonance[J]. Nonlinear Dynamics 3, 1992:465-490.

[78] M Behbahani-nejad, N C Perkins. Hydrodynamic and Geometric Stiffening Effects on the Out-of-PlaneWaves of Submerged Cables [J]. Nonlinear Dynamics 13, 1997:243-257.

[79] Somchai Chucheepsakul, Narakorn Srinil, Pisek Petchpeart. A variational approach for three-dimensional model of extensible marine cables with specified top tension [J]. Applied Mathematical Modelling, 27(2003):781-803.

[80] F V Pangalila, J P Martin. A Method of Estimating Line Tensions and Motions of a Semi-submersible Based on Empirical Data and Model Basis Results[J].Offshore Technology Conference, Houston, May, 1969, 2: 90-96.

[81] A J Gault, W R Cox. Method for Predicting Geometry and Loading Distribution in an Anchor Chain from a Single Point Mooring Buoy to A Buried Anchorage[C]. Offshore Technology Conference, Houston, May, 1973, 1: 309-318.

[82] T M Smith, M C Chen, A M Radwan. Systematic Systems[C]. Proceedings of the Fourth International Offshore for the Preliminary Design of Mooring Mechanics and Arctic Engineering.1985, 1:403-407.

[83] R J Smith, C J MacFarlane. Statics of a Three Component Mooring Line[J].Ocean Engineering.2001, 28:899-914.

[84] 马宏伟,吴斌.弹性动力学及其数值方法[M].北京:中国建材工业出版社,2000.

[85] 王礼立.应力波基础[M].北京:国防工业出版社,2005.

[86] 吴斌,韩强,李忱.结构中的应力波[M].北京:科学出版社,2001.

[87] H Max. Irvine, cable structures[M].London:The MIT Press, 1981.

[88] 吴开塔.ROV 被动式升沉补偿系统理论及试验研究[D].上海:上海交通大学,2011.

[89] C J M Del Vecchio. Light Weight Materials for Deep Water Moorings[J].University of Reading, UK, 1992.

[90] A C Fernandes, C J M Del Vecchio, G. A. V. Castro. Mechanical Propertiesof Polyester Mooring Cables[J]. International Journal of Offshore and Polar Engineering, 1998, 9(3): 248-254.

[91] M Behbahani-Nejad, N C Perkins.Freely propagating waves in elastic cables[J].Journal of Sound and Vibration, 1996, 196(2):189-202.

[92] Shashikala A p, et.al.Dynamics of a moored barge under regular and random waves[J].Ocean Engineering, 1997, 24(5):401-430.

[93] Karl F Graff.Wave motion in elastic solids[M].Oxford:Clarendon Press, 1975.

[94] Petter Andreas Berthelsen.Dynamic Response Analysis Of A Truss Spar In Waves[D].Newcastle; University of Newcastle, 2000.

[95] H H Lee, W-S Wang. Analytical solution on the dragged surge vibration of tension leg platforms (TLPS) with wave large body and small body multi-interactions[J]. Journal of Sound and Vibration, 2001, 248(3): 533-556.

[96] S K Chakrabarti.Hydrodynamics of Offshore Structures[J].Springer-Verlag, New York, 1987.

[97] 袁鑫.系泊缆索动力分析数值方法研究[D].哈尔滨:哈尔滨工程大学,2010.

[98] 陆金甫,关治.偏微分方程数值解法[M].北京:清华大学出版社,2004.

[99] 李荣画,冯果忱.偏微分方程数值解法[M].北京:高等教育出版社,1996.

[100] Richard Haberman,郇中丹,李援南等译.实用偏微分方程[M].2 版.北京:机械工业出版社,2007.

[101] Weggel C,Roesset J.Vertical Hydrodynamic forces on truncated cylinders[C], Proceedings of the fourth international offshore and polar Engineering Conference, Isope, Osaka, Japan, the international society of Offshore and Polar Engineers, 1994,3: 210-217.

[102] A R Mitchell,D F Griffiths.The finite Difference Method in Partial Differential Equations [M].NewYork:John Wiley &Sons Ltd.1980.

[103] W E Schiesser.The numerical method of lines-integration of partial differential equations [M].Pittsburgh:Academic Press, Inc, 1991.

[104] Mahammad Behbahan, Nejad.Wave propagation in elastic cables with and without fluid interaction[D], Ann Arbor:the University of Michigan, 1997.

[105] Hover F S,Grosenbaugh M A,Triantafyllou M S.Calculation of dynamic tension in towed underwater cable[J].IEEE Journal of Oceanic Engineering,1994,19:449-457.

[106] 文圣常.海浪理论与计算原理[M].北京:科学出版社,1984.

[107] Thomas D O,Hearn G E.Deepwater mooring line dynamics withemphasis on sea-bed mooring system design[J].Transactions SNAME, 1985.

[108] Bliek A.Dynamic analysis of single span cables.Ph.D. thesis,MIT, Cambridge, MA,U.S.A,1984.

[109] 竺艳蓉.海洋工程波浪力学[M].天津:天津大学出版社,1991.

[110] Broeze J.Numerical modeling of nonlinear free surface waves with a 3D panel method[D]. Enschedei University of Twente,1993.

[111] 赵藤.深水安装作业升沉补偿系统研究[D].哈尔滨:哈尔滨工程大学,2011.

[112] 何平.主动式波浪补偿控制系统研究[D].长沙:国防科技大学,2007.

[113] 吴隆明.深海作业起重机主动式升沉补偿控制系统的研究与开发[D].华南理工大学,2012.

[114] 蔡东伟,刘荣华.一种主动升沉波浪补偿控制系统研究[J].船舶工程,2012,02:15-16.

[115] 何龙.液压二次调节惯性负载系统控制及节能特性研究[D].秦皇岛:燕山大学,2010.

[116] 姜继海.二次调节压力耦联静液传动技术[M].北京:机械工业出版社,2013.

[117] 黄鑫.静液驱动二次调节系统特性研究[D].沈阳:沈阳工业大学,2009.

[118] 魏喜新.液压技术手册[M].上海:上海科学技术出版社,2013.

[119] 《起重机设计手册》编写组.起重机设计手册[M].北京:机械工业出版社,1980.

[120] 张兴茂. 主动式波浪补偿系统时滞行为控制技术研究[D].长沙: 国防科学技术大

学,2010.

[121] 郑海兵.广义预测控制改进算法的仿真研究[D].大连:大连理工大学,2009.

[122] Riehalet J, Rault A, Tesutd J L, et al. Model Predictive heuristic control : Applications to industrial processes[J]. Automatica, 1978, 14(5):413-428.

[123] Clarke D W ,Mohtadi C,Tuffs P S. Generalied Predictive control[J]. Automatica,1987,23(2):137-160.

[124] Demircioglu H,Clarke D W. Generalized Predictive control with end point state weighting[J]. IEE Proceeings-D 1993(40):275-82.

[125] Clarke D W,Mohtadi C. Properties of generalized predictive control[J]. Automatica, 1989, 25(6):859-875.

[126] Ljung L System Identification:Theory for the User[M]. Second edition. PTR Prentice Hall, Upper Saddle River, NJ, 1999.

[127] 孟令金.基于EMD和AR的船舶运动极短期预报问题研究[D].哈尔滨:哈尔滨工程大学,2008.

[128] 谢荣.船舶运动状态下极短期预报视景仿真系统研究[J].船舶工程,2011,06:58-60.

[129] 彭秀艳.船舶运动姿态在线预报及仿真技术研究[D].哈尔滨:哈尔滨工程大学,2006.

[130] 吴怀宇.时间序列分析与综合[M].武汉:武汉大学出版社,2004.

[131] 谢衷洁.时间序列分析[M].北京:北京大学出版社,1990.

[132] 李国勇.智能控制及其MATLAB实现[M].北京:电子工业出版社,2005.